GRADUÉE ET MÉTHODIQUE

[COMPO]SITIONS FRANÇAISES,

DES PLUS BEAUX PASSAGES DE TÉLÉMAQUE

DONNANT

... EXERCICES ... — NARRATION, ... — DESCRIPTION, — LETTRES, — ..., — ... — DIALOGUES, ETC.

... l'instruction des ... ...
...eux-mêmes en personne ...

... COMPOSÉ D'APRÈS LES PRINCIPES ÉTABLIS ...
DANS LA SYNTHÈSE LOGIQUE

... G. TAILLEFER, et GILLET-DAMITTE

PAR HANQUEZ,

..., membre de la Société d'encouragement pour ...
...primaire, dans la province de Namur, etc.

ET GILLET-DAMITTE

pour l'instruction primaire élémentaire et supérieure,
... pour l'instruction ...
...eur de l'Académie de ...

TÉLÉMAQUE

SYNTHÉTISÉ.

SYNTHÈSE LOGIQUE, ou *Cours élémentaire de* COMPOSITION RAISONNÉE, appliqué à l'étude des langues ; à l'usage des colléges, des pensions et des écoles des deux sexes. 2ᵉ édit. 1 vol. in-12, Partie du maître. Prix 2 fr. 50 c. Par L.-G. TAILLEFER, doyen des inspecteurs de l'Académie de Paris, chevalier de la Légion-d'Honneur, etc., et GILLET-DAMITTE.

SYNTHÈSE LOGIQUE, partie de l'élève. 1 vol. in-18, cart.; avec couverture imprimée.

EPITOME HISTORIÆ SACRÆ, précédé d'éléments très-simples et les plus indispensables aux commençants; et suivi de THÈMES SYNTHÉTIQUES ou *d'imitation*, servant d'introduction pratique à l'étude de la syntaxe; par le docteur HANQUEZ et GILLET-DAMITTE. 1 joli vol. in-18, cart. Prix : 1 fr.

Paris, à la librairie classique-élémentaire de Belin-Mandar, rue Christine, 5.

(Pour paraître successivement.)

CORNELIUS NEPOS, avec *Thêmes synthétiques*; par M. JOURET.

DE VIRIS ILLUSTRIBUS ROMÆ, avec *Thêmes synthétiques*; par le docteur HANQUEZ et GILLET-DAMITTE.

PARIS. — IMPRIMERIE DE J.-B. GROS,
Rue du Foin Saint-Jacques, 18, Maison de la reine Blanche.

TÉLÉMAQUE

SYNTHÉTISÉ,

ou

COURS GRADUÉ ET MÉTHODIQUE

DE COMPOSITIONS FRANÇAISES,

IMITÉES DES PLUS BEAUX PASSAGES DE TÉLÉMAQUE,

DONNANT

PLUS DE 100 EXERCICES PHRASÉOLOGIQUES ; 140 SUJETS VARIÉS ; NARRATIONS, DISCOURS, DESCRIPTIONS, LETTRES, PORTRAITS, PA-RALLÈLES , ETC.

A l'usage des Établissements d'instruction des deux sexes, et des parents qui s'occupent eux-mêmes en personne de l'éducation de leurs enfants.

OUVRAGE COMPOSÉ D'APRÈS LES PRINCIPES ÉTABLIS DANS LA SYNTHÈSE LOGIQUE

De MM. J.-G. TAILLEFER, et GILLET-DAMITTE.

PAR HANQUEZ,

Docteur-Médecin, membre de la Société d'encouragement pour l'instruction primaire, dans la province de Namur, etc.;

ET GILLET-DAMITTE,

Breveté pour l'instruction primaire élémentaire et supérieure ; Breveté pour l'instruction secondaire ; Officier de l'Académie de Paris.

PARIS,

BELIN-MANDAR, rue Christine, 5.

ET CHEZ M. GILLET-DAMITTE, rue de Seine S.-G., 37.

1842.

NAMUR,

CHEZ ROFFIAEN ET LES FRÈRES LEROUX.
WESMAËL-LEGROS. IMPRIMEUR DE L'ÉVÊCHÉ.

BRUXELLES,

CHEZ HÉRICHON, rue de la Montagne, 26.

A MONSIEUR LIAUTARD,

MEMBRE DE LA LÉGION-D'HONNEUR,
CURÉ, ARCHI-PRÊTRE DE FONTAINEBLEAU, ETC.,
L'UN DES FONDATEURS DU COLLÉGE STANISLAS.

MONSIEUR,

Le dix-septième siècle nous a transmis le *Télémaque* comme un des plus beaux chefs-d'œuvre de l'esprit humain, et cette opinion, depuis, n'a fait que s'accroître. En vain, la littérature moderne a-t-elle proscrit les fictions mythologiques, ces ingénieux mensonges, l'ouvrage du grand archevêque demeure, avec ces mêmes fictions, comme le plus parfait modèle de style et comme un enseignement complet de raison et de sagesse. De ce livre inimitable, il ressort partout une vérité bien simple d'abord, mais toujours digne de la méditation des hommes chargés d'élever la jeunesse; c'est que la science sans la vertu n'est point d'un grand poids dans la balance de la morale et de la vérité, mais que la vertu avec la science forme réellement les hommes utiles, les hommes d'un vrai mérite. Or, Monsieur, cette belle théorie, qui mieux que vous l'a appliquée avec un noble courage, un esprit supérieur, une généreuse persévérance, enfin, avec une honorable célébrité?

Aussi, quels nombreux disciples, hommes de mérite et hommes de bien, n'avez-vous pas donnés à la société? Sans parler des magistrats ni des diplomates distingués qui ont reçu de vous les bienfaits d'une éducation où l'on trouve inculqués les préceptes du sage Fénelon, que d'ecclésiastiques instruits et vertueux sont sortis de vos habiles mains, pour occuper les plus hautes fonctions du sacerdoce!

Pour la cause sacrée de la Religion et de la patrie, aucune fatigue ne vous a coûté; vous n'avez reculé devant aucun sacrifice.

Le clergé de France, à ce titre, vous doit un immense tribut de reconnaissance, à laquelle souscriront toujours vos nombreux élèves, qui sont vos nombreux amis.

Qu'il soit permis aux auteurs du *Télémaque synthétisé* de s'associer à ces nobles sentiments et de vous en offrir l'hommage, comme une expression de la profonde admiration de l'un (1) et de l'inaltérable reconnaissance de l'autre (2).

Si cette publication, œuvre modeste, apparaissait à quelques-uns peu digne d'être offerte à un homme aussi distingué, nous oserions prendre quelque confiance dans votre honorable suffrage si franchement accordé à la *synthèse logique*, dont ce livre est une suite naturelle; nous invoquerions cette bienveillance si large et si vive que vous n'avez jamais refusée aux efforts tentés pour l'avantage de la jeunesse.

Nous sommes, Monsieur, avec un profond respect,

Vos très-humbles et très-obéissants serviteurs,

HANQUEZ, GILLET-DAMITTE.

(1) M. le docteur Hanquez.
(2) M. Gillet-Damitte, élève de M. Liautard,

INTRODUCTION.

Le Télémaque synthétisé est le développement pratique des 40 et 41ᵉ leçons qui se trouvent dans un ouvrage récemment publié par MM. L.-G. *Taillefer*, inspecteur de l'Académie de Paris et *Gillet-Damitte*, et intitulé *Synthèse logique.* On sait que cet ouvrage a pour but de ramener dans l'Instruction classique, à la suite d'une *analyse* très-simplifiée, l'usage de la *Synthèse* trop négligée dans nos écoles. On retrouvera donc dans ce cours d'exercices que M. Hanquez et moi nous offrons au public, tout l'esprit qui a présidé à cette méthode synthétique que nous supposons connue de nos lecteurs. Ceux à qui elle ne serait pas parvenue, nous les inviterions à en prendre connaissance avant de se livrer à l'étude de notre travail. Nous ne représenterons pas ici les raisons sur lesquelles s'appuie ce mode d'enseignement. Qu'il nous suffise, pour disposer favorablement les personnes qui pourraient s'être laissé préoccuper de quelques préventions, de placer sous leurs yeux deux faits bien avérés, bien incontestables. Le premier, c'est que le livre de Fénelon est un chef-d'œuvre ; le second, c'est que l'étude approfondie d'un modèle parfait ne peut donner que les plus heureux résultats pour tout ce qui tient au développement de l'intelligence et du goût.

Citons pour le premiers de ces faits l'autorité de La Harpe qui est l'éloquente expression de l'opinion générale.

« Le *Télémaque*, dit ce savant critique, » est un *chef-d'œuvre*, un des ouvrages ori- » ginaux du dernier siècle, un de ceux qui » ont le plus honoré et embelli notre langue, » et celui qui plaça Fénelon parmi nos plus » grands écrivains. Son succès fut prodigieux; » la France le reçut avec enthousiasme, et » les étrangers s'empressèrent de le traduire. » Quoiqu'il semble écrit pour la jeunesse, et » particulièrement pour un prince, c'est » pourtant le livre de tous les âges et de tous » les esprits. Jamais on n'a fait un plus bel » usage des richesses de l'antiquité et des tré- » sors de l'imagination. Jamais la vertu n'em- » prunta pour parler aux hommes un langage » plus enchanteur, et n'eut plus de droits à » notre amour. Là se fait sentir davantage » ce genre d'éloquence qui est propre à Féne- » lon, cette élocution persuasive, cette abon- » dance de sentiment qui se répand de l'âme » de l'auteur, et qui passe dans la nôtre, cette » aménité de style qui flatte toujours l'oreille » et ne la fatigue jamais; ces tournures nom- » breuses où se développent tous les secrets

» de l'harmonie périodique et qui pourtant
» ne semblent être que les mouvements na-
» turels de sa phrase et les accents de sa
» pensée, cette diction toujours élégante et
» pure qui s'élève sans efforts et se passionne
» sans affectation et sans recherche, ces for-
» mes antiques qui sembleraient ne pas appar-
» tenir à notre langue et qui l'enrichissent
» sans la dénaturer ; enfin, cette facilité char-
» mante, l'un des plus beaux caractères du
» génie, qui produit de grandes choses sans
» travail et s'épanche sans s'épuiser.

» Quel genre de beautés ne se trouve pas
» dans le Télémaque ! *L'interét de la fable,*
» *l'art de la distribution, le choix des épi-*
» *sodes, la vérité des caractères, les scènes*
» *dramatiques et attendrissantes, les des-*
» *criptions riches et pittoresques, et ces*
» *traits sublimes* qui, toujours placés à propos
» et jamais appelés de loin, transportent
» l'âme et ne l'étonnent pas.

» Il avait formé son goût sur celui des an-
» ciens, c'est-à-dire que la trempe de son es-
» prit se trouvait analogue à celle des meil-
» leurs écrivains de la Grèce et de Rome ;
» car l'étude et la méthode ne servent qu'à
» mettre nos sentiments en principes, et c'est
» toujours notre caractère qui anime notre
» style et qui lui donne son empreinte.

» Les pensées de Fénelon étaient toutes
» célestes. Il suffit de lire dans son *Télé-*

» *maque* la description de l'Elysée pour voir
» combien il se transportait facilement dans
» un autre ordre de choses. Ce morceau est
» le chef-d'œuvre d'une imagination passion-
» née ; toutes les expressions semblent au-
» dessus de l'humain, c'est la peinture d'un
» bonheur qui n'appartient pas à l'homme
» terrestre, et qui ne peut être conçu et senti
» que par une substance immortelle. En le
» lisant, on est enlevé dans les cieux, et l'on
» respire en quelque sorte l'air de l'immor-
» talité. » (1)

Si le Télémaque est un des plus parfaits modèles que puisse offrir la langue française, il faut, pour en tirer du fruit, que l'élève l'étudie à fond, le lise, le relise et l'apprenne de telle sorte qu'il s'en approprie, non-seulement les préceptes et les maximes, mais encore les expressions et les tournures.

Mais voici pour le second fait une autorité non moins imposante : c'est celle de l'Université de France,

« L'exercice continuel de la mémoire, dit-
» elle (2) loin de la fatiguer, l'accroît et
» l'enrichit. Plus on apprend, plus on re-
» tient facilement. Un enfant plus intelli-
» gent que laborieux oublie vite ce qu'il
» a négligemment étudié, ou même se fiant

---

(1) Extrait de l'Éloge de Fénelon, par La Harpe.
(2) Thème dicté au grand concours, classe de 6ᵉ, année 1838.

» trop à lui-même, il dédaigne tout travail
» de mémoire. Il a tort, s'il ne se corrige pas
» de cette fausse idée, il s'en repentira plus
» tard. *Pour bien penser soi-même, il faut*
» *avoir bien gravé dans la mémoire des*
» *choses bien pensées par autrui ; pour bien*
» *écrire, il faut avoir de bons modèles peints*
» *à l'esprit.* Ne craignez donc pas d'em-
» ployer la mémoire des enfants ; elle est si
» prompte et si vive ; mais ne l'employez qu'à
» *des choses utiles et belles.* »

C'est donc forts de ces deux appuis que nous publions cette application des éléments qui nous sont fournis dans la *Synthèse logique.*

En présentant les corrigés des sujets de composition, nous sommes loin de prétendre les offrir comme des modèles, ce serait de notre part un vrai ridicule ; mais exiger qu'ils fussent parfaits, scrait d'un autre côté une injustice. A Fénelon seul appartient le privilége de la perfection, lui seul doit ici laisser dans l'esprit des élèves les traces de ce goût épuré, de cette correction sévère qu'il est si difficile d'atteindre, mais que chacun doit toujours se proposer d'imiter.

Ces corrigés sont, pour la plupart, le résultat des devoirs d'élèves, recueillis et mis en ordre. Nous leur avons laissé toute leur naïveté primitive, moins pour notre satisfaction personnelle, que pour démontrer quels résultats on peut obtenir par la méthode.

x

Nous aurions désiré citer les noms de tous
nos jeunes collaborateurs, tant de Namur que
de Paris ; mais une réserve qu'on saura apprécier ne nous l'a pas permis ; nous nous per-
mettrons une seule exception, c'est à l'égard
du jeune Auguste Beernaert. Instruit à l'école
d'une mère aussi éclairée que tendre, il a su,
dans un âge bien peu avancé, se former un
style remarquable par sa pureté et son élé-
gance, et s'inspirer de l'esprit de Fénelon,
pour donner à son maître (1) la mesure des
résultats qu'on peut atteindre par une étude
basée sur les principes que nous professons.

On remarquera sans peine qu'il nous a été
impossible de suivre, dans ses vingt-quatre
livres, le Télémaque, paragraphe par paragraphe ; nous eussions produit plusieurs vo-
lumes. Quoi qu'il en soit, nous nous effor-
cerons de compléter notre travail et de
l'améliorer ; nous donnerons successivement
un livret où l'élève trouvera les matières,
et alors nous aurons ajouté de nombreux
sujets ; mais nous attendrons, auparavant, les
critiques et les avis de nos lecteurs.

---

(1) M. Hanquez.

TÉLÉMAQUE

SYNTHÉTISÉ.

PREMIÈRE PARTIE.

SYNTHÈSE PAR ANALOGIE.

PREMIÈRE SECTION.

PHRASES DÉTACHÉES.

L'expérience nous a appris qu'avant de proposer aux élèves l'imitation de morceaux d'auteurs d'une certaine étendue, il est utile de les exercer à la synthèse par analogie de phrases détachées. Cet exercice fixe leur attention sur les tournures de l'auteur pris pour modèle, sur la facture, le rythme et la cadence des phrases, qu'ils finissent par s'approprier. Par là, les élèves mettent plus de variété dans le mouvement de leur style et l'améliorent sensiblement.

Une pratique que nous ne devons pas omettre de recommander ici, c'est de faire lire par l'élève la phrase à imiter, en la déclamant et, pour ainsi dire, en la scandant ; il lit ensuite la sienne de la même manière, et juge s'il a conservé la mesure et la cadence de son modèle. C'est ainsi qu'il se forme l'oreille et parvient à lire convenablement à haute voix.

Il y a, comme pour les exercices de la synthèse logique, que nous supposons connue, deux manières de synthétiser : la première de vive voix, c'est celle qu'on doit préférer d'abord ; la seconde, par écrit.

Toute proposition doit être ensuite motivée ou justifiée par celui qui en est l'auteur, afin qu'il s'accoutume à rendre compte des motifs de ses jugements ; par exemple : si, synthétisant par imitation de la première phrase du Télémaque, l'élève dit :

Le prisonnier ne peut se consoler de la perte de sa liberté ; il motivera sa proposition en ajoutant : j'ai vu que Télémaque renfermé dans la tour de Péluse, passait les jours et les nuits dans une profonde tristesse, et qu'il était abîmé dans la plus amère douleur, n'espérant plus revoir sa patrie, ni sa mère Pénélope qui l'attendait comme son unique espérance.

Dans les synthèses par analogie, qui suivent, pour ménager l'espace, nous avons souvent supprimé la justification comme ne présentant aucune difficulté.

SYNTHÈSES.

Ire *Phrase modèle.*

« Calypso ne pouvait se consoler du départ d'Ulysse ; dans sa douleur, elle se trouvait malheureuse d'être immortelle. »

Avant de synthétiser, généralisons la phrase modèle ; cette précaution pourra faciliter le travail de l'imagination, en rendant sensibles et évidentes une foule d'analogies qui n'auraient peut-être pas été aperçues sans ce procédé méthodique. La première phrase généralisée peut s'énoncer ainsi :

1º Une personne quelconque (Calypso),

2º Éprouve une passion, un sentiment quelconque (ne peut se consoler),

3º Occasionné par une circonstance, un événement quelconque (le départ d'Ulysse).

La seconde phrase généralisée peut s'énoncer ainsi :

1º L'individu qui éprouve un sentiment quelconque (la douleur),

2º Réfléchit sur sa situation (se trouvait malheureuse de...).

Maintenant, au personnage Calypso, substituons Jacob, le sentiment restant le même; à la circonstance *départ d'Ulysse*, substituons *mort de Joseph*, il viendra :

Jacob ne pouvait se consoler de la mort de Joseph.

Alors, présentant Jacob comme réfléchissant sur le sentiment qu'il éprouve, l'élève dira :

Dans sa douleur, il se trouvait malheureux de lui survivre.

LE MAITRE : Répétez et motivez.

L'ÉLÈVE : 1º J'ai dit : *Jacob ne pouvait se consoler de la mort de Joseph*, parce que j'ai vu dans l'histoire sainte que ses fils s'étant rassemblés pour le consoler, il ne voulut recevoir aucune consolation.

2º J'ai ajouté : *Dans sa douleur, il se trouvait malheureux de lui survivre*, parce que, pour toute réponse Jacob s'écrie : *Je descendrai accablé de chagrin avec mon fils dans le tombeau*.

Il en est de même des synthèses suivantes :

Adèle ne peut se consoler de la perte de sa bague.

— Charles se désole de la mort de sa tourterelle.

— L'avare ne peut se consoler de la perte de son trésor.

— Caïn ne voulut point se repentir de son crime.

— Dans ma solitude, je me trouve heureux d'être indépendant.

— Dans sa retraite, le sage se trouve heureux d'être libre.

— Dans ma retraite, je me trouve malheureuse d'être oubliée.

— Nestor était inconsolable de la mort de son fils

Pisistrate ; dans son désespoir, il se trouvait malheureux d'avoir été père et d'avoir vécu si longtemps
(Voir les faits, liv. xx, § 36).

— Aman ne pouvait supporter l'affront qu'il avait
reçu de Mardochée ; dans sa rage, il jurait d'exter-
miner la race juive tout entière. (*Esther.*)

— Philoclès supportait avec résignation sa disgrâce ; dans son exil, il se trouvait heureux de n'a-
voir aucune injustice à se reprocher (Voir les faits,
liv. xiv, § 17).

— Protésilas ne pouvait supporter la perte de ses
dignités (Voir les faits, liv. xiv, § 9).

II. « Sa grotte ne résonnait plus de son chant. »

Cette phrase généralisée présente : une action qui
avait lieu avant un événement quelconque, et qui
n'a plus lieu après.

— Dans son dénûment, la cigale fut contrainte de
mendier des secours : les buissons ne résonnaient
plus de ses chants.

— Dans son délire, le joueur s'empresse d'exposer
sa dernière ressource : sa passion n'écoute point la
voix de la raison.

— Dans sa présomption, Télémaque voulut entreprendre un voyage téméraire : son impatience
rejetait les conseils de Mentor.

— Les fleurs ne brillent plus de leur vif éclat.

— Le papillon ne voltige plus sur les fleurs.

— Les feuilles ne couvrent plus les arbres de la
forêt.

III. « Les nymphes qui la servaient n'osaient lui parler. »

— Les Crétois qui l'accompagnaient, n'osaient lui
parler.

MOTIVEZ : Je parle d'Idomenée fuyant de l'île de
Crête, après le meurtre de son fils (liv. v, § 17).

— Le rossignol qui égayait ce bocage, ne chante
plus.

— Les marchands qui achetèrent Joseph, l'emmenèrent en Égypte.

— La vigne qui tapisse ce mur ne peut cacher les grappes abondantes de la treille.

IV. « Elle se promenait souvent seule sur les gazons fleuris dont un printemps éternel bordait son île. »

— Les agneaux bondissent déjà sur l'herbe fleurie dont un printemps prématuré couvre la colline.

— Le matelot se confie souvent insoucieux à une mer calme dont les flots cachent un abîme.

— Ma nacelle se balance parfois mollement sur l'onde limpide dont les flots argentés caressent le rivage.

— L'homme se berce souvent de douces illusions dont l'appât séduisant trompe son espoir.

Calypso espérait retenir Télémaque dans son île.

V. « Mais ces beaux lieux, loin de modérer sa douleur ne faisaient que lui rappeler le triste souvenir d'Ulysse qu'elle y avait vu tant de fois auprès d'elle. »

Cette phrase généralisée peut s'énoncer ainsi : dans une certaine disposition d'esprit, les moyens qui devaient produire un certain effet amènent un résultat contraire.

— La naïve sincérité de Joseph, loin d'apaiser le ressentiment de ses frères, ne faisait qu'accroître leur haine criminelle.

Motivez : Joseph ayant ingénûment raconté les songes qui présageaient sa future grandeur, ses frères formèrent le dessein de le tuer.

— Les bons conseils, loin de modérer les désirs de Bocchoris, ne faisaient qu'enflammer son naturel ardent.

Motivez : Bocchoris écartait avec mépris tous les sages vieillards qui avaient eu la confiance de son père, pour ne suivre que le conseil flatteur des jeunes insensés qui l'environnaient (liv. II, § 41).

— Les douces remontrances de Nestor, loin d'apaiser Hippias, ne faisaient que lui rappeler l'humiliant souvenir de sa défaite (liv. xvi, § 18).

— Les études sérieuses, loin de fatiguer mon esprit, ne font qu'augmenter en moi le noble amour des sciences.

— Ce violent orateur, loin de convaincre la multitude, ne fait que lui donner une fâcheuse opinion de son parti.

— Cet écolier paresseux, au lieu d'étudier sa leçon, ne fait que mâcher les maussades feuillets de son livre.

VI. « Souvent elle demeurait immobile sur le rivage de la mer, qu'elle arrosait de ses larmes, et elle était sans cesse tournée vers le côté où le vaisseau d'Ulysse, fendant les ondes, avait disparu à ses yeux. »

— Souvent Napoléon demeurait immobile sur le sommet d'un rocher qu'il ne pouvait quitter, et il était sans cesse tourné vers le côté où Las Cases, partant pour la France, avait disparu à ses yeux.

— Souvent l'homme au masque de fer restait pensif devant les barreaux de sa prison qu'il arrosait de ses larmes, et il guettait sans cesse le moment où ses geôliers, touchés de compassion, exerceraient une surveillance moins sévère.

VII. Liv. 1er, § 2. « Tout à coup elle aperçut les débris d'un navire qui venait de faire naufrage, des bancs de rameurs mis en pièces, des rames écartées çà et là sur le sable, un gouvernail, un mât, des cordages flottant sur la côte. »

Récit et description d'un événement fortuit.

Tout à coup j'aperçus les effets de l'ouragan qui venait de désoler la contrée, des toitures de maisons enlevées, des meules de grain dispersées çà et là dans les champs ; des arbres, des tuiles, des récoltes couvrant la campagne désolée.

— Soudain j'entendis les accords d'une harpe qui m'arrachait à ma rêverie.....

— Aussitôt je vis les apprêts du bal champêtre qui venait d'être improvisé ; des ménétriers de village juchés sur des tonneaux, des jeunes gens groupés çà et là sur la pelouse, un buffet rustique, des villageois attendant le signal de la danse.

— Tout à coup j'aperçus une scène de ruines qui frappa vivement mon esprit, des débris de temples écroulés, des colonnes gisant çà et là sur le sol ; un obélisque, des statues, des mausolées jonchant la plaine.

— De ma fenêtre j'aperçois un troupeau qui paît dans la campagne, des bœufs, des génisses, répandus çà et là dans la plaine ; des chèvres, des brebis, des agneaux bondissant sur la colline.

VIII. § 3. « Cependant Calypso se réjouissait d'un naufrage qui mettait dans son île le fils d'Ulysse, si semblable à son père. »

— Idoménée se félicitait d'une méprise qui conduisait dans Salente le fils d'Ulysse, si semblable à son père (liv. IX, § 20).

— Eugène s'affligeait d'un départ qui éloignait de lui un ami si semblable à son frère.

— Pénélope s'affligeait d'un voyage qui la privait d'un fils si semblable à son époux.

IX. § 3. « D'où vous vient, lui dit-elle, cette témérité d'aborder dans mon île ? Sachez, jeune étranger, qu'on ne vient point impunément dans mon empire. »

— D'où vous vient, dit Ruben, cette cruauté de vouloir faire périr Joseph ? Sachez, insensés, qu'on ne verse point impunément le sang d'un frère !

— MOTIVEZ : Ce sont les paroles de Ruben à ses frères pour les détourner du dessein de faire périr Joseph.

— Sachez, braves Manduriens, qu'on ne se jette pas impunément dans les hasards de la guerre (liv. X, § 25).

— Songez, jeune élève, qu'on ne parcourt pas facilement le domaine des sciences!

— Voyez, jeune imprudent, la profondeur du précipice où vous alliez vous jeter.

X. § 3. « Elle tâchait de couvrir sous ces paroles menaçantes la joie de son cœur, qui éclatait malgré elle sur son visage. »

— Idoménée tâchait de couvrir sous une apparence de gaîté, la tristesse de son cœur, qui l'empêchait de goûter les douceurs du sommeil (liv. IX, § 59).

— L'hypocrite tâche de couvrir sous des dehors vertueux, l'odieux de sa conduite, qui perce malgré lui dans ses actions.

MOTIVEZ : Protésilas faisait semblant d'entrer dans les vues de Mentor (liv. XIII, § 59 et 40).

— Le méchant tâche d'étouffer dans les plaisirs bruyants la voix de sa conscience, qui trouble malgré lui son repos.

XI. § 4. « Seriez-vous insensible au malheur d'un fils qui, cherchant son père à la merci des vents et des flots, a vu briser son navire contre vos rochers ? »

— Seriez-vous insensible aux prières d'un vaincu, qui, défendant sa patrie en butte aux outrages, a vu sa valeur succomber sous le nombre de ses ennemis ?

— Seriez-vous sourd aux conseils d'un ami qui, ne désirant que votre bonheur, craint de voir échouer ses efforts contre votre indocilité?

XII. § 4. « C'est un des rois qui ont, après un siége de dix ans, renversé la fameuse Troie. »

— L'imprimerie est une des découvertes qui ont, après des obstacles nombreux, éclairé le genre humain.

— La poudre à canon est une des inventions qui ont, après plusieurs siècles, détruit l'antique chevalerie.

— La France est un des pays qui ont, après une longue lutte, conquis une précieuse liberté.

XIII. § 4. « Son nom fut célèbre dans toute la Grèce et dans toute l'Asie, par sa valeur dans les combats, et plus encore par sa sagesse dans les conseils. »

— Le nom de Napoléon sera célèbre dans tous les temps et dans tous les pays, par la sagesse de ses lois, et plus encore par la profondeur de son génie.

— Le nom de Léonidas était célèbre dans toute la Laconie et dans toute la Grèce, par son dévouement à sa patrie, et plus encore par son sang-froid dans les combats.

— Le nom de Tobie était vénéré des Israélites et des Assyriens, par la sagesse de ses préceptes, et plus encore par son dévouement pour les malheureux.

— La pomme de terre est recherchée par les riches et par les pauvres, pour son goût agréable et plus encore pour sa qualité nutritive.

— La vapeur est un des agents les plus précieux dans les arts et dans l'industrie, par sa propriété, de transmettre également de tous côtés une douce chaleur, et plus encore par la force qu'elle développe dans les machines.

XIV. « Maintenant errant dans toute l'étendue des mers, il parcourt tous les écueils les plus terribles. »

— Autrefois abandonnés sur un rocher désert, les restes de Napoléon reçoivent maintenant les plus grands honneurs.

— Naguère parcourant toute l'étendue des mers, Télémaque reçoit à Salente l'accueil le plus favorable.

XV. « Pénélope, sa femme, et moi qui suis son fils, nous avons perdu l'espérance de le revoir. »

— Ce jeune homme et moi qui suis son ami, nous avons cherché l'occasion de vous voir.

1.

—· M. R*** négociant, et moi qui suis son commis, nous avons formé le projet de nous associer.

XVI. § 5. « Calypso étonné et attendrie de voir dans une si vive jeunesse tant de sagesse et d'éloquence, ne pouvait rassasier ses yeux en le regardant; et elle demeurait en silence. »

Effet de vertus on de vices dans des personnes qui n'en paraissaient point susceptibles.

— Nous fûmes révoltés de voir dans un vieillard tant de cupidité et de mauvaise foi.

— Nous fûmes surpris de voir dans une chaumière si pauvre, tant d'ordre et tant de propreté.

— Les Phéniciens, émus et étonnés de voir dans une vieillesse si avancée tant de talents et tant d'imagination, ne pouvaient se lasser d'admirer Mentor; et ils versaient des larmes d'attendrissement.

Motivez : Mentor au repas d'Adoam (liv. VIII, § 7 (32)).

— Achitoas étonné et jaloux de trouver dans un homme aussi âgé tant de talents et de grâces, ne put cacher son trouble en écoutant Mentor, et il laissa tomber sa lyre de dépit (liv. VIII, § 30).

— Télémaque surpris et charmé de trouver, après une si courte absence, tant de changements et d'améliorations dans Salente, ne pouvait donner assez d'éloges à Mentor (liv. XXII, § 9).

XVII. § 6. « Mentor les yeux baissés, gardant un silence modeste, suivait Télémaque. »

— Idoménée, le cœur navré, gardant un morne silence, cherchait la solitude.

— Le chien d'arrêt, l'oreille attentive, conservant une attitude immobile, consulte son maître.

— Napoléon, les bras croisés, promenant au loin ses regards perçants, observait l'ennemi.

— Calypso, les yeux baignés de larmes, gardant un morne silence, voyait fuir le vaisseau d'Ulysse.

— Télémaque, les yeux baissés, rougissant avec beaucoup de grâce, continua son récit.

— Métophis, plein d'artifice, se défiant de la sagesse de Mentor, tâchait de surprendre Télémaque.

— Les Nymphes, les yeux attachés sur Télémaque, gardant un timide silence, écoutaient le récit de ses aventures.

— Pygmalion, les yeux égarés, prêtant l'oreille au moindre bruit, craignait toujours quelque surprise.

— Narbal, les yeux levés au ciel, rendant grâces aux dieux, embrassait Télémaque.

— Calypso, l'œil inquiet, croyant découvrir en Mentor quelque chose de divin, demeurait pleine de crainte et de défiance.

XVIII. § 7. « On arriva à la porte de la grotte de Calypso, où Télémaque fut surpris de voir, avec une apparence de simplicité rustique, tout ce qui peut charmer les yeux. »

— Charles II arriva au port de la ville de Douvres, où il fut charmé de reconnaître parmi les principaux habitants de la ville, tous ceux qui avaient contribué à la restauration.

MOTIVEZ : C'est un fait de l'histoire d'Angleterre. En mettant pied à terre à Douvres, le 26 mai 1660, Charles II fut reçu par Monck et par les principaux habitants.

— Robinson arriva au sommet d'une montagne d'où il aperçut, avec la plus vive joie, un grand vaisseau.

XIX. § 7. « Les doux zéphirs conservaient en ce lieu, malgré les ardeurs du soleil, une délicieuse fraîcheur. »

— Les sages conseils de Mentor donnaient à Télémaque, malgré l'impétuosité de son caractère, une patience salutaire.

— Télémaque montrait à la guerre, en dépit des instructions de Mentor, une impétuosité blâmable.

— Le rusé Acante conservait dans ses réponses,

malgré les menaces de Télémaque, un imperturbable sang-froid (liv. xx, § 13).

— La noble éloquence désarme, en dépit de vils instigateurs, la colère du peuple (éloquence de Mentor, liv. x, § 25).

— Nos belles campages se couvrent, malgré les pluies continuelles, d'abondantes moissons.

XX. « Mille fleurs naissantes émaillaient les tapis verts dont la grotte était environnée. »

— Mille colonnes brisées jonchent le seuil des temples dont Palmyre était ornée.

— De hautes montagnes forment un horizon ravissant dont mes yeux sont charmés.

XXI. § 7. « Ce bois semblait couronner ces belles prairies, et formait une nuit que les rayons du soleil ne pouvaient percer. »

— Le Seigneur semblait menacer son peuple élu, et retirait une protection que les enfants d'Israël ne méritaient plus.

XXII. § 7. « Là on n'entendait jamais que le chant des oiseaux, ou le bruit d'un ruisseau..... »

— On n'entendait plus à Salente que les chants des ouvriers et le bruit des marteaux.

XXIII. § 8. « La grotte de la déesse était sur le penchant d'une colline. »

— L'armée de Léonidas campait dans le défilé des Thermopyles.

— La flotte des Troyens était sur les côtes de la Sicile.

— La douceur et le courage de Mentor charmèrent le fils d'Ulysse.

— Le sang des victimes coula sur le tombeau d'Anchise.

XXIV. « De là on découvrait la mer, quelquefois claire et unie comme une glace, quelquefois follement irritée contre les rochers. »

—De la montagne, on découvre la plaine, d'un côté nue et stérile comme une lande, de l'autre richement parée de moissons.

XXV. « Les divers canaux qui formaient ces îles, semblaient se jouer dans la campagne. »

— Les nombreux moutons qui composaient ces troupeaux, semblaient bondir dans les pâturages.

XXVI. « On apercevait de loin des collines et des montagnes qui se perdaient dans les nues, et dont la figure bizarre formait un horizon à souhait pour le plaisir des yeux.»

— Léonidas aperçut de loin l'armée des Perses qui s'étendait à perte de vue, et dont les masses immenses se préparaient au combat.

— Nous découvrons bientôt des fermes et des villages entiers qui disparaissent sous les eaux du Rhône, et dont les débris épars formaient un triste spectacle pour tous les cœurs sensibles.

XXVII. « Les montagnes voisines étaient couvertes de pampres verts qui pendaient en festons. »

— Les campagnes de Salente étaient pleines d'heureux laboureurs qui travaillaient en chantant.

XXVIII. § 8. « Le figuier, l'olivier, le grenadier, et tous les autres arbres, couvraient la campagne, et en faisaient un grand jardin. »

— Le soleil, la lune, les étoiles et tous les autres astres ornent le firmament et lui donnent un aspect magnifique.

— La mollesse, l'ivrognerie, l'impudence et tous les autres vices, caractérisaient le Cypriens, et en faisaient un peuple méprisable.

— La bonté, la modération, la justice et toutes les autres vertus ornaient le cœur de Sésostris et en faisaient un bon roi.

— L'orgueil, la dissipation, l'emportement, et beaucoup d'autres vices, gâtaient le cœur de Bocchoris, et en faisaient un mauvais prince.

— La houille, le marbre, le fer et beaucoup d'autres substances minérales, abondent dans ce pays, et en font la principale richesse.

— La dissimulation, la ruse, la perfidie et tous les autres vices, composaient le caractère d'Adraste, et en faisaient le fléau de l'Hespérie.

— La beauté, la modestie, la candeur et d'autres qualités encore ornaient Antiope, et en faisaient une jeune personne accomplie.

— Le chèvrefeuille, la clématite, la rose et beaucoup d'autres fleurs odoriférantes, ornent le berceau, et en font une retraite délicieuse.

— La guerre, l'anarchie, la misère et beaucoup d'autres calamités, ont désolé l'Espagne, et en ont fait un malheureux pays.

— Le pillage, l'incendie, le carnage et beaucoup d'autres calamités, accompagnent les conquérants, et en font les fléaux du genre humain.

— Le commerce, la navigation, l'agriculture et beaucoup d'autres industries, enrichissent la France, et en font un pays florissant.

XXIX. § 9. « Les nymphes avaient eu soin d'allumer en ce lieu un grand feu de bois de cèdre, dont la bonne odeur se répandait de tous côtés. »

— Calpso avait eu soin de faire préparer dans sa grotte un grand repas, dont l'exquise propreté était le principal ornement.

— Idoménée avait eu soin de construire en ce lieu une forte tour, dont le sommet élevé dominait le pays des Manduriens.

— Ce général s'appliqua à établir dans le camp une discipline sévère, dont les heureuses conséquences se firent sentir dans les combats.

— Calypso avait eu soin d'exciter dans le cœur de Télémaque un secret désir de rester dans son île, dont l'aspect riant le séduisait de toutes manières.

XXX. § 10. « Télémaque, voyant qu'on lui avait destiné une tunique d'une laine fine dont la blancheur effaçait celle de la neige, et une robe de pourpre avec une broderie d'or, prit le plaisir qui est naturel à un jeune homme, en considérant cette magnificence. »

— Télémaque, voyant qu'on lui offrait un royaume d'une grande étendue, dont la richesse surpassait celle d'Ithaque, et l'immortalité avec toutes ses faveurs, prit, en considérant ces avantages, une résolution qui est naturelle à un jeune homme.

— Philoctète, voyant qu'on lui avait enlevé un arc d'une force prodigieuse, dont la renommée surpassait celle des armes d'Achille, et son carquois rempli de flèches envenimées, éprouva l'indignation qui est naturelle à un homme sincère, à la vue d'une déloyauté.

— Adélaïde, voyant qu'on lui avait destiné une robe de cachemire, dont la finesse effaçait celle de la mousseline, un volant de dentelles et une parure de diamants, prit le plaisir qui est naturel à une jeune fille, en considérant cette richesse. (Louise F.)

XXXI. § 11. « Sont-ce donc là, ô Télémaque! les pensées qui doivent occuper le cœur du fils d'Ulysse? »

— Sont-ce bien là, Mathan, des paroles qui doivent sortir de la bouche d'un prêtre? (*Athalie*, acte II, scène 5.)

— Sont-ce là, Télémaque, les Crétois qui doivent former le centre de l'armée des alliés?

XXXII. « Un jeune homme qui aime à se parer vainement comme une femme, est indigne de la sagesse et de la gloire. »

— Le vieillard qui aime à se vanter outre mesure, comme un jeune homme, est dépourvu de discrétion et de prudence.

— Un général qui se jette imprudemment dans la mêlée comme un cheval fougueux, est incapable de commander et de vaincre.

— Un étudiant qui perd son temps aux jeux comme un enfant, est indigne de la science et de la gloire.

— Un jeune artiste qui se borne à imiter comme un écolier, est indigne de la gloire et de la renommée.

— Une religion qui enseigne aux hommes à s'entr'aider généreusement comme des frères, est digne de notre amour et de nos hommages.

XXXIII. § 12. « Mais quelle faveur du ciel nous a fait trouver, après notre naufrage, cette déesse ou cette mortelle qui nous comble de biens. »

— Quelle persévérance a fait découvrir à Christophe Colomb, après tant de recherches, ce continent ou cette immense Amérique, qui nous enrichit de ses productions ?

XXXIV. § 13. « Le naufrage et la mort sont moins funestes que les plaisirs qui attaquent la vertu. »

— La pauvreté et l'indigence sont moins à redouter que le luxe qui corrompt les mœurs.

— La lyre et la guitare sont moins harmonieuses que le piano qui les remplace aujourd'hui.

— Lyon et Bordeaux sont moins attrayants que Paris qui renferme mille chefs-d'œuvre.

XXXV. § 13. « La jeunesse se confie légèrement et sans précaution. »

— Le temps passe rapidement et sans retour.

XXXVI. § 14. Les nymphes, avec leurs cheveux tressés et des habits blancs, servirent d'abord un repas simple, mais exquis pour le goût et pour la propreté. »

— Les bergères, avec des couronnes de fleurs et des corbeilles ornées, apportèrent au temple d'Apollon des offrandes simples, mais proportionnées à leur condition.

XXXVII. § 14. « Un vin plus doux que le nectar coulait de grands vases d'argent dans des tasses d'or couronnées de fleurs. »

— Des paroles plus douces que le miel, passaient de la bouche éloquente de Mentor aux oreilles de l'assemblée prévenue contre lui (liv. x).

XXXVIII. § 14. « La première des nymphes, qui s'appelait Leucothoé, joignit les accords de sa lyre aux douces voix de toutes les autres. »

— Le plus lâche des hommes, qui s'appelait Thersite, joignait la laideur de son visage aux mauvaises qualités de son naturel.

— Motivez : Thersite était le plus laid et le plus lâche des Grecs au siége de Troie (Voir du reste liv. xv, § 23).

— La plus agréable partie de l'Italie, qui est la Toscane, joint la beauté de son ciel aux sites délicieux de toute la contrée.

XXXIX. § 15. « Quand Télémaque entendit le nom de son père, les larmes qui coulèrent le long de ses joues donnèrent un nouveau lustre à sa beauté. »

— Quand Idoménée apprit l'arrivée du fils d'Ulysse, l'espoir qui entra dans son cœur mit un terme à ses soucis.

XL. § 16. « Mais l'aveugle passion de retourner dans sa misérable patrie lui fit rejeter tous ces avantages. »

— La ferme volonté de réussir dans sa glorieuse entreprise, lui fit affronter tous les dangers.

— La noble gloire de combattre pour une bonne cause, fait enfanter des prodiges.

XLI. § 17. « Elle représenta la dernière tempête que Neptune avait excitée contre lui quand il partit d'auprès d'elle. »

—Astarbé représenta (à Baléazar) le tendre amour que Pygmalion avait eu pour elle quand il était sur le trône.

— Mentor représentait (à Télémaque) la flotte troyenne qu'Énée avait rassemblée quand il fuyait de Troie.

XLII. § 17. « Elle voulut faire entendre qu'il était péri dans ce naufrage, et elle supprima son arrivée dans l'île des Phéaciens. »

— Astarbé voulut faire entendre que Narbal avait trempé dans une conspiration, et elle ajouta des calomnies contre les principaux de Tyr.

XLIII. § 20. « Lassé de vivre toujours en suspens et dans l'incertitude, je me résolus d'aller dans la Sicile. »

— Fatigué de vivre toujours dans les fêtes et dans les plaisirs, le riche aime à se retirer à la campagne.

XLIV. § 25. « La douceur et le courage du sage Mentor me charmèrent; mais je fus encore bien plus surpris quand je vis avec quelle adresse il nous délivra des Troyens. »

— La bonté et la majesté du grand Sésostris étonnèrent Télémaque.

— La douceur et la modestie de la jeune Antiope charmèrent Télémaque.

— Le sang-froid et la prévoyance du sage Mentor étonnèrent Aceste, mais il fut encore bien plus surpris quand il vit avec quel courage celui-ci le délivra des Himériens.

— La richesse et l'étendue de l'opulente Memphis étonnèrent Télémaque, mais il fut encore bien plus surpris quand il vit avec quel soin les campagnes étaient cultivées.

XLV. § 25. « La poupe en était couronnée de certaines fleurs. »

— Les murailles de Salente étaient couvertes de vaillants soldats.

— Les campagnes de Salente étaient couvertes de moissons dorées.

— Les armes de Télémaque étaient couvertes de ciselures admirables.

XLVI. § 33. « Aceste fut étonné de ces paroles que Mentor lui disait avec une assurance qu'il n'avait jamais trouvée en aucun homme. »

— Télémaque fut étonné de ces merveilles que Calypso lui montrait avec une affabilité qu'il n'osait attendre d'une déesse.

— Philoclès fut étonné des conseils que Mentor donnait à Idoménée avec une franchise qu'il n'avait jamais rencontrée en aucun homme.

XLVII. § 34. « Ceux qui avaient méprisé la prédiction de Mentor perdirent leurs esclaves et leurs troupeaux. »

— Idoménée, qui avait méprisé les conseils de Philoclès, perdit son royaume et son bonheur.

— Bocchoris, qui avait accueilli les flatteries de ses courtisans, perdit son royaume et la vie.

— Télémaque, qui avait écouté sa passion perdit ses compagnons et sa liberté.

XLVIII. § 35. « Mentor montre dans ses yeux une audace qui étonne les plus fiers combattants. »

— Télémaque montrait dans ses actions une prudence qui étonnait les plus vieux capitaines.

— Antiope montrait dans son langage une candeur qui apaisait les cœurs les plus irrités.

XLIX. § 35. « Semblable à un lion de Numidie que la cruelle faim dévore, et qui entre dans un troupeau de faibles brebis, il déchire, il égorge, il nage dans le sang, et les bergers, loin de secourir le troupeau, fuient tremblants pour se dérober à sa fureur. »

— Semblable à une bête farouche qu'un cruel instinct anime, et qui épouvante une troupe de timides chasseurs, Bocchoris s'emporte, menace, ne raisonne plus, et ses serviteurs, loin de chercher à l'apaiser, fuient tremblants, pour se dérober à sa fureur, etc.

L. § 36. « Les barbares qui espéraient de surprendre la ville, furent eux-mêmes surpris et déconcertés. »

— Adraste qui espérait de surprendre les alliés, fut lui-même surpris et vaincu, etc.

LI. § 36. « Les sujets d'Aceste, animés par l'exemple et par les ordres de Mentor, eurent une vigueur dont ils ne se croyaient point capables. »

—Les soldats de Saül, animés par l'exemple et par la victoire de David, combattirent avec une valeur dont les Philistins furent troublés.

LII. § 36. « De ma lance je renversai le fils du roi de ce peuple ennemi. »

— Avec une poignée d'hommes, Gédéon mit en fuite l'armée du roi des Madianites.

LIII. Liv. II, § 1. « Les Tyriens, par leur fierté, avaient irrité contre eux le grand roi Sésostris. »

Ulysse, par son départ, avait affligé la déesse Calypso.

LIV. Liv. IX, § 25. « Une vie sobre, modérée, simple, exempte d'inquiétudes et de passions, réglée et laborieuse, retient dans les membres d'un homme sage et prudent la vive jeunesse qui, sans ces précautions, est toujours prête à s'envoler sur les ailes du temps. »

— Le Nil, large, profond, sinueux, soumis à des inondations périodiques, impétueux et bienfaisant, donne aux terres qu'il arrose, des moissons abondantes, qui, sans ces irrigations salutaires, ne sauraient croître sous un ciel de feu.

—Un roi sage, juste, économe, aidé de bons ministres, prudent et laborieux, répand dans son paisible royaume une heureuse aisance qui, sans les belles qualités du souverain, ne tarderait pas à faire place à la misère.

— Une mère tendre, sage, prévoyante, exempte de faiblesses et de passions, laborieuse et dévouée, fait goûter à ses enfants soumis et respectueux, un parfait bonheur, qui, sans cette réunion de vertus, ne saurait être durable.

DEUXIÈME SECTION.

SYNTHÈSE PAR ANALOGIE DE PASSAGES ENTIERS DE TÉLÉMAQUE (1).

Cet exercice a pour objet d'accoutumer l'élève à suivre un plan régulier, et à mettre de l'ordre dans l'exposition de ses idées. Le Télémaque de Fénelon nous fournira le plus grand nombre de nos thêmes ou modèles d'imitation.

Liv. I, § 1. *Regrets, douleur de Calypso.*

Une personne quelconque — éprouve un sentiment quelconque, — occasionné par une cause quelconque.

Calypso ne pouvait se consoler du départ d'Ulysse. Dans sa douleur, elle se trouvait malheureuse d'être immortelle. Sa grotte ne résonnait plus de son chant. Les nymphes qui la servaient n'osaient lui parler. Elle se promenait souvent seule sur les gazons fleuris dont un printemps éternel bordait son île ; mais ces beaux lieux, loin de modérer sa douleur, ne faisaient que lui rappeler le triste souvenir d'Ulysse, qu'elle y avait vu tant de fois auprès d'elle. Souvent elle demeurait immobile sur le rivage de la mer, qu'elle arrosait de ses larmes ; et elle était sans cesse tournée vers le côté où le vaisseau d'Ulysse, fendant les ondes, avait disparu à ses yeux.

C'est surtout pour la synthèse de morceaux d'une certaine étendue, qu'il est utile de généraliser, comme nous l'avons dit page 2, pour la synthèse de phrases détachées, afin de rendre saillantes des analogies qui seraient restées inaperçues sans ce procédé.

(1) Voir la Synthèse logique de MM. L.-G. Taillefer et Gillet-Damitte, partie du maître, 2ᵉ édit., 40ᵉ leçon.

Le premier paragraphe généralisé peut s'énoncer comme il suit :

1° Une personne quelconque (Calypso),

2° Éprouve un sentiment quelconque (la douleur),

3° Occasionné par une circonstance, un événement quelconque (le départ d'Ulysse).

En analysant le plan que Fénelon a suivi dans la peinture des regrets de Calypso, on trouve qu'il expose :

1° La cause de ses — départ d'Ulysse.
   regrets ;

2° L'influence de son état sur
{
ses réflexions : *se trouvait malheureuse ;*
ses goûts : *ne chantait plus ;*
les personnages environnants : *les nymphes ;*
ses habitudes : *se promenait souvent ;*
}

3° La réaction des objets extérieurs sur ses souvenirs : *ne faisait que lui rappeler ;*

4° Les signes extérieurs ;
{
son attitude : *immobile ;*
sa physionomie : *larmes, regards.*
}

La connaissance de ce plan peut servir aux commençants pour les guider dans la description de la *douleur* d'un autre personnage, et même dans la peinture de tout autre sentiment tel que *la joie, le remords, la honte, le désespoir, l'envie, la pitié,* etc. A l'aide de ce fil conducteur, mais flexible, des élèves trouveront beaucoup plus de choses à dire que si on leur eût point donné de modèle.

Sujets particuliers de synthèse.

1. Douleur d'Adolphe à la mort de sa mère.
2. Douleur d'une mère à la mort de son enfant.

3. Joie de Télémaque après son entretien avec Termosiris.

4. Douleur d'Harpagon causée par la perte de son trésor.

5. Douleur d'Achille à la mort de Patrocle.

6. Colère d'Hippias vaincu par Télémaque.

7. Joie de Calyso à l'arrivée de Télémaque.

8. Douleur de Télémaque dans la tour de Péluse.

9. Douleur de Philoctète causée par son parjure.

10. Regrets du prisonnier.

11. Regrets de l'ambitieux.

12. Le joueur.

13. La honte.

14. Douleur de Philoctète à la mort d'Hercule.

On pourrait traiter semblablement les sujets qui suivent :

Regrets de Télémaque d'avoir entrepris le voyage de Sicile.

Regrets de Télémaque d'être séparé de Mentor (liv. II).

Regrets de Télémaque de se séparer des bergers du désert d'Oasis.

Regrets des parents de Tobie après son départ pour Ninive. (*Epitome*, ch. 152.)

Regrets de David à la mort d'Absalon. (*Epiome* ch. 132).

Regrets des amis de Judas Machabée. (*Epitome*, ch. 203.)

Douleur du père de l'enfant prodigue, après le départ de son fils.

Douleur de Jacob en apprenant qu'une bête féroce a dévoré son fils Joseph.

Joie des parents de Tobie à son retour.

Joie de Télémaque en retrouvant Mentor et Hazael (liv. IV, § (20) 33).

1er SUJET (1). *Douleur d'Adolphe à la mort de sa mère.*

Matière.

Adolphe a perdu sa mère, il se trouve malheureux de lui survivre. — Cris, gémissements, jeunes amis, jardin que sa mère a orné de fleurs. — Parterre que sa mère a cultivé de ses propres mains. — Convoi funèbre.

Synthèse du 1er sujet.

Adolphe ne peut se consoler de la mort de sa bonne mère. Dans sa douleur il se trouve malheureux de lui survivre, et regrette de n'avoir pu être mis avec elle dans le tombeau. La maison de son père ne retentit plus que de ses cris et de ses gémissements. Les jeunes amis qui viennent le visiter n'osent lui parler de leurs jeux. Il se promène souvent dans le jardin qui entoure la demeure de son père, et que sa mère avait orné de fleurs ; mais cet agréable séjour, loin de calmer sa peine, ne fait que lui rappeler le triste souvenir de celle qui, tant de fois, a guidé ses pas dans ces lieux. Souvent il demeure immobile devant un parterre que sa mère a cultivé de ses propres mains, et il est sans cesse tourné vers le côté où le convoi funèbre, s'éloignant à pas lents, a disparu à ses yeux.

2e SUJET (2). *Douleur d'une mère à la mort de son enfant.*

Matière.

Adèle a perdu son enfant, — son mari, ses pa-

---

(1) Pour donner tout d'abord aux élèves une idée nette de ce genre d'exercices, on peut, après avoir dicté la matière, leur lire la synthèse ci-dessus qui n'est donnée que comme *exemple* et non comme *modèle.*

(2) Ce sujet, ainsi que quelques autres qu'il sera facile de distinguer, sont particulièrement destinés aux pensionnats de demoiselles.

renls. — Jardin. — Elle arrose de ses larmes un berceau vide.

Synthèse du 2ᵉ sujet.

Adèle ne pouvait se consoler de la mort de son enfant. Dans sa douleur, elle ne voyait de terme à ses
maux que dans la mort seule. Elle avait oublié les
paroles douces et gaies qui animaient autrefois les jeux
de sa jeune famille. Son mari, ses parents ne savaient
comment calmer son désespoir. Elle se promenait
souvent sans but dans le jardin qui environnait sa
demeure, mais elle ne pouvait tromper sa douleur,
car tout lui rappelait de déchirants souvenirs. Souvent elle demeurait immobile, appuyée sur un berceau vide qu'elle arrosait de larmes; et son regard,
d'une fixité effrayante, ne quittait pas la place où
l'ange de sa vie s'était endormi pour toujours.
(Du pensionnat des demoiselles JOTTRAND, à Namur.)

3ᵉ SUJET. *Joie de Télémaque après son entretien avec
Termosiris.*

Matière.

Télémaque remercie les dieux de lui avoir donné
un autre Mentor. Chaînes de la servitude moins pesantes. Flûte. Bergers. Il voit en songe Ithaque et
Pénélope. Souvent il offre des sacrifices aux dieux,
et leur demande de faire connaître son innocence
(Voir les faits, liv. ii, § 26 et suivants).

Synthèse du 3ᵉ sujet.

Après son entretien avec Termosiris, Télémaque
ne cessait de remercier les dieux de lui avoir fait
trouver, dans cet homme vénérable, un autre Mentor. Dans sa joie, il trouvait moins pesantes les chaînes
de la servitude. Les échos des montagnes répétaient
chaque soir les doux sons de la flûte que Termosiris

lui avait donnée ; les bergers que ses chansons atti-
raient en foule autour de lui, étaient immobiles, at-
tentifs, pendant qu'il leur donnait des leçons. Il voyait
souvent en songe sa chère Ithaque, et sa mère qui l'y
attendait, comme son unique espérance; mais ces
songes, loin de diminuer sa joie, ne faisaient que relever son courage et lui faire espérer que les dieux
n'abandonneraient ni Ulysse, ni son fils. Souvent il
offrait des sacrifices dans le temple d'Apollon où Termosiris était prêtre, et il demandait sans cesse aux
dieux de faire connaître son innocence au bon roi
Sésostris, sur la justice duquel il fondait tout son espoir.

4e SUJET. *Douleur d'Harpagon.*

Matière.

Harpagon avait enterré dans un souterrain un
trésor qui lui a été volé. — La vie lui paraît un far-
deau. Il retourne souvent au souterrain où il allait
autrefois avec plaisir, et qui ne fait que lui rappeler
maintenant la perte qu'il a faite.

Synthèse du 4e sujet.

Harpagon ne peut se consoler de la perte de son
trésor. Dans son désespoir, la vie lui paraît un far-
deau insupportable. Il n'a plus la joie de contempler
son or. Le seul ami qui lui soit resté fidèle n'ose essayer de lui donner de vaines consolations. Il retourne souvent au souterrain où il avait enfoui les
richesses qui lui étaient aussi inutiles que du sable :
liv. III, § 15) mais ces lieux qui lui présentaient autrefois tant d'attrait, loin de modérer son désespoir, ne
font que lui rappeler le triste souvenir de la perte qu'il
a faite. Souvent il demeure immobile sous ces voûtes
sombres qu'il fait retentir de ses gémissements con-
tinuels, et ses yeux sont sans cesse tournés vers l'endroit où il avait enfoui ce trésor qui a disparu pour
toujours.

5e sujet. *Douleur d'Achille à l'occasion de la mort de Patrocle.*

Matière.

Achille ne pouvait se consoler de la mort de Patrocle. Sa tente. Sa lyre. Les guerriers qui servaient sous lui. Le rivage de la mer. Patrocle, revêtu de ses brillantes armes, étaient parti pour combattre Hector.

Synthèse du 5e sujet.

Achille ne pouvait se consoler de la mort de Patrocle. Dans sa douleur, il se trouvait malheureux de lui survivre. Sa tente ne résonnait plus du doux son de sa lyre. Les guerriers qui servaient sous ses ordres, n'osaient lui parler. Il se promenait seul; mais, loin de modérer sa douleur, les lieux qu'il parcourait ne faisaient que lui rappeler le triste souvenir de Patrocle, qu'il y avait vu tant de fois auprès de lui. Tantôt il demeurait immobile sur le rivage de la mer, qu'il arrosait de ses larmes; tantôt il tournait douloureusement ses regards vers cette partie du camp où Patrocle revêtu de ses brillantes armes et partant pour combattre Hector, avait disparu à ses yeux pour toujours.

6e sujet. *Colère d'Hippias.*

Matière.

Quoique plus jeune et moins vigoureux que lui, Télémaque vainquit Hippias dans un combat singulier. Le frère de celui-ci partageait son ressentiment. Hippias plein de honte et de rage ne pouvait déposer sa haine, et l'on craignait qu'il ne voulût recommencer le combat. (Voir les faits, liv. XVI, § 18).

Synthèse du 6e sujet.

Hippias ne pouvait supporter l'injure qu'il avait reçue de Télémaque. Dans sa colère, il ne respirait que la vengeance. Sa tente ne retentissait que de ses imprécations; son frère partageait son ressentiment. Hippias se rappelait avec amertume les circonstances du fatal combat où il avait été vaincu par un guerrier plus jeune que lui, et ce fâcheux souvenir, loin de le rendre plus sage, ne faisait qu'irriter son cœur farouche. Souvent il essayait de tromper la surveillance de ses amis, et il voulait sans cesse recommencer la lutte animée et terrible qui lui avait été si fatale.

7ᵉ SUJET. *Joie de Calypso à l'arrivée de Télémaque.*

Matière.

Le premier paragraphe du Télémaque peut encore se résumer ainsi : 1° indication de la cause de la douleur; 2° situation de l'individu qui l'éprouve; 3° sa conduite actuelle comparée à sa conduite passée; 4° la conduite des personnes environnantes; 5° mouvements de l'individu, relatifs à la cause de sa douleur. On peut suivre ce plan pour la peinture d'un autre sentiment fût-il entièrement opposé.

Ainsi on voit : 1° par le § 3, que Calypso se réjouissait de l'arrivée de Télémaque; 2° par les § 5 et 5, qu'elle cherchait vainement à cacher sa joie; 3° par les § 5, 9, 10, 14, sa sollicitude pour ce jeune homme; 4° par le § 9, ce que font les nymphes; et enfin, par les § 3, 5, 22, etc., le bonheur qu'elle éprouve, les inquiétudes qui la traversent et les moyens qu'elle emploie pour retenir Télémaque dans son île.

Synthèse du 7ᵉ sujet.

En suivant le plan que nous venons de tracer et en respectant les faits, on est nécessairement conduit à dire :

Calypso se réjouissait du naufrage qui mettait dans son île le fils d'Ulysse. Malgré ses artifices, elle sentait qu'il lui serait difficile de cacher la joie de son

cœur. Sa sollicitude pour le jeune homme se trahissait dans ses moindres actions : les nymphes qui
partageaient sa joie, l'aidaient dans les préparatifs
d'une bonne réception. La déesse ne pouvait rassasier ses yeux en regardant Télémaque, dont les
traits rappelaient ceux d'Ulysse ; mais le bonheur
qu'elle éprouvait, loin d'être sans mélange, lui inspirait des inquiétudes qu'elle cherchait à chasser
loin d'elle. Souvent elle demeurait en silence au récit
des plus étonnantes aventures de Télémaque, qu'elle
écoutait avec un vif plaisir ; et elle cherchait sans
cesse les moyens de toucher un cœur confiant et
naïf, mais que fortifiaient les sages conseils de Mentor.

8e SUJET. *Douleur de Philoctète causée par son
parjure.*

Matière.

Philoctète a dévoilé le secret de la mort d'Hercule. Souvenir de son parjure. Son antre. Gémissements. Bêtes farouches. Il voit en songe l'éclatant
Olympe ; ces songes lui rappellent le triste souvenir
de son parjure. Il tourne ses regards vers le côté où
le vaisseau des Grecs a disparu à ses yeux (Voir les
faits, liv. xv).

Synthèse du 8e sujet.

Philoctète ne pouvait se consoler d'avoir dévoilé
le secret de la mort du grand Alcide, secret qu'il avait
juré de ne jamais faire connaître. Dans sa douleur,
il se trouvait plus malheureux par le ressouvenir de
son parjure, que de l'abandon si inhumain des Grecs,
de la trahison d'Ulysse et de l'horrible souffrance
causée par sa plaie ; son antre retentissait nuit et
jour de ses gémissements : dans le transport de sa
douleur, ses hurlements éloignaient de lui les bêtes
farouches qui avaient habité avant lui cette affreuse

caverne. Souvent, dans les assoupissements qui sui-
vaient ses fréquents accès de douleur, il voyait en
songe l'éclatant Olympe, où tous les Dieux étaient
assemblés : là il voyait aussi le grand Alcide entouré de rayons de gloire, assis près du trône de Ju-
piter : mais ces images de félicité, loin de modérer
sa douleur, ne faisaient que lui rappeler le triste souvenir de son parjure. Souvent il demeurait étendu
sur le rivage de la mer, et ses regards étaient sans
cesse tournés vers le côté où les vaisseaux des rois
grecs, fendant les ondes, avaient disparu à ses
yeux.

LE MAÎTRE : Pourquoi avez-vous dit : *d'avoir dévoilé le
secret du grand Alcide?*

L'ÉLÈVE : C'est un fait de l'histoire de Philoctète (liv. xv,
§ 11 (12) (1).

L'expression, *ces images de félicité*, est-elle dans Télémaque ? — Dans l'endroit où Télémaque voit Ulysse en songe
(liv. xviii, § 3).

Est-ce le même sentiment ? — Oui, car Télémaque, ainsi
que Philoctète, est attristé par ces songes.

Sujets généraux.

Les regrets du prisonnier, d'après le fait de Télémaque enfermé dans la tour de Péluse (liv. ii, § 42).

Les regrets de l'ambitieux, d'après le fait de Protésilas tombé dans la disgrâce (liv. xiv).

La résignation du sage d'après celle de Philoclès
(liv. xiv, § 14 à 17).

La honte d'après celle de Télémaque à la suite de
son combat avec Hippias (liv. xvi, § 14).

Le désespoir du joueur. Les regrets du prodigue.
Sentiments d'un bon fils. — Un sentiment ou une
passion quelconque.

---

(1) Les numéros marqués entre parenthèses indiquent le
paragraphe de toutes les éditions; ceux qui ne sont pas écrits
entre parenthèses, se rapportent à l'édition châtiée que
nous avons suivie.

En traitant ces sujets on généralise plus qu'on ne l'a fait dans le récit de la douleur particulière de tel ou tel personnage, et l'on n'imite véritablement que le plan ou le développement oratoire.

9ᵉ sujet. *Regrets du prisonnier.*

Matière.

Si l'on veut, par exemple, décrire le sentiment du prisonnier d'après celui de Calypso, il faut, en regardant Télémaque dans la tour, ou en se représentant un prisonnier,

1° Indiquer la cause des regrets : départ d'Ulysse. — Perte de sa liberté ;

2° Exprimer quelle est la situation d'âme du prisonnier dans cet état : Calypso se trouvait malheureuse. — Le prisonnier envie le sort de ses compagnons morts en combattant ;

3° Rapprocher sa conduite actuelle de sa conduite passée : Calypso ne chantait plus. — Le prisonnier a perdu sa gaîté ;

4° Exprimer la conduite et les sentiments des personnes qui l'entourent. Les nymphes n'osaient. — Ses geôliers s'attendrissent ;

5° Les pensées ou les actes du prisonnier déterminés par la cause de sa douleur : *Elle se promenait souvent seule... Ces beaux lieux loin de modérer..., ne faisaient que..... Elle demeurait immobile..... Elle était sans cesse tournée.....* — Le prisonnier se rappelle son pays, ceux qu'il aime, ses amis qui ont péri en combattant, etc.

Synthèse du 9ᵉ sujet.

Le prisonnier ne peut se consoler de la perte de sa liberté. Dans sa douleur, il envie le sort de ses compagnons qui sont tombés dans le combat. Son humeur enjouée a fait place à un abattement qui excite la pitié. Ses gardes mêmes s'attendrissent pour lui. Il pense souvent à son pays où il a passé d'heureux jours; mais ces doux souvenirs loin d'apaiser sa douleur, ne font que lui rappeler qu'il est condamné à pleurer loin de ceux qu'il aime et qu'il ne doit plus revoir. Souvent il demeure immobile devant les barreaux de sa prison qu'il voudrait forcer, et il regarde sans cesse la campagne où ses amis, combattant en désespérés; ont péri sous ses yeux. (La jeune Euphrosine BERN....)

10e SUJET. Regrets de l'ambitieux.

Matière.

D'après le fait de Protésilas tombé dans la disgrâce (liv. xiv).

Synthèse du 10_e sujet.

L'ambitieux ne peut se consoler de la perte de ses titres et de ses dignités (1). Dans son agitation, il ne peut plus supporter la vie (2). Il reconnaît qu'il est homme et il recherche même ceux qu'il dédaignait auparavant (3); mais les flatteurs dont il était entouré, l'insultent et le fuient (4). Alors, il éprouve dans son âme un vide affreux, qu'il ne peut remplir. Les faveurs, dont il a joui, les honneurs dont il a été comblé, ne lui paraissent plus qu'un songe (5). Si parfois, oubliant le malheur qui l'accable, il se croit encore au temps de sa grandeur passée, loin de trouver dans ses illusions un adoucissement à ses peines, il ne reconnaît que mieux la triste réalité du néant où il est tombé. Tout lui rappelle d'amers souvenirs, et ses pensées restent sans cesse fixées sur l'objet éternel de ses regrets et de son désespoir.

LE MAITRE : Motivez (1). — J'ai dit : « L'ambitieux ne peut se consoler de la perte de ses titres et de ses dignités. » C'est un fait de l'histoire de Protésilas et la cause de ses regrets.

(2) C'est la situation d'âme de Protésilas dans sa disgrâce.

(3) Sa conduite actuelle comparée à sa conduite passée.

(4) Conduite et sentiments des personnes qui l'entourent.

(5) Pensées et actes de Protésilas, déterminés par la cause de sa douleur.

LE MAITRE : Où avez-vous vu cette expression, *ne peut se consoler ?* — Dans le premier paragraphe du premier livre : *Calypso ne pouvait se consoler.*

Est-ce le même sentiment ? — Oui ; car ce sont des regrets de part et d'autre.

Et cette expression : *supporter la vie ?* — Dans le premier livre, Télémaque, condamné à l'esclavage par Aceste, s'écrie : Otez-moi *la vie* que je ne saurais *supporter* (§ 28).

Est-ce bien la même circonstance ? — Oui ; car Télémaque songe au malheur d'une condition qui lui paraît plus dure que la mort.

L'expression : *ne paraître plus qu'un songe* est-elle française ? — Oui ; car Fénelon, qui fait autorité, en français, fait dire à Télémaque, dans le même ensemble de circonstances : tout ce que Termosiris m'avait prédit, et tout ce que j'avais entendu dans la caverne, *ne me paraissait plus qu'un songe* (liv. II, § 42), etc.

11ᵉ SUJET. *Le joueur.*

Matière.

Le joueur ne songe qu'à exposer ses dernières ressources. — Sa demeure. — Sa famille. — Ce que fait le joueur (il erre dans ses appartements), effet que produit sur lui l'aspect de sa misère. — Tristesse et misère de ses malheureux enfants, qui ne peuvent obtenir un morceau de pain.

Synthèse du 11e sujet.

Le joueur ne peut résister à sa funeste passion. Dans son délire, il ne songe qu'à exposer ses dernières ressources. Dans sa demeure on n'entend plus que des gémissements ; sa famille qui l'affectionnait, tremble devant lui. Il erre d'un pas chancelant et égaré dans ses appartements, jadis si riches et maintenant dépouillés de tous leurs ornements ; mais l'aspect déplorable de ces lieux, loin de le ramener à des sentiments de devoir et d'honneur, ne fait qu'aigrir davantage son caractère en lui rappelant le souvenir des biens qu'il a dissipés. Souvent, ses malheureux enfants demandent un morceau de pain qu'ils n'obtiennent point ; et ces êtres innocents ne peuvent comprendre qu'un père, naguère si bon, n'ait plus pour eux aucune sollicitude.

12e SUJET. *La honte.*

D'après celle qu'éprouva Télémaque à la suite de son combat avec Hippias (liv. XVI, § 2, 13, 14, 15, 16).

Matière.

1° Cause de la honte de Télémaque : sa victoire sur Hippias, victoire qu'il regarde comme une faute ;

2° Sa situation d'âme : il ne pouvait se supporter lui-même, et il reconnaissait tous les avantages d'une conduite opposée à la sienne ;

3° Sa conduite actuelle comparée à sa conduite passée : il demeurait renfermé dans sa tente ;

4° Les personnes qui l'entourent : il craignait la présence de Nestor et de Philoctète ;

5° Ses pensées ou ses actes : il pensait à Mentor qu'il n'oserait plus revoir ; à Ulysse, dont la sagesse et la patience étaient si grandes ; il craignait de retomber dans la même faute.

Synthèse du 12e sujet.

La honte vient toujours à la suite d'une faute que l'on regrette d'avoir commise. Celui qui l'éprouve ne peut se supporter lui-même, en réfléchissant à tous les avantages d'une conduite opposée à la sienne. La solitude est le seul état qui lui convienne, car il craindrait de lire les reproches qu'il mérite dans les regards de ses semblables. La présence même de ses amis lui est insupportable, tant il se trouve indigne de leur ancienne bienveillance. Il se rappelle sans cesse les vertus qu'il a oubliées, les exemples de sagesse qu'il n'a pas suivis et qui ne servent maintenant qu'à lui représenter ses torts. Souvent aussi il conçoit l'espérance d'éviter à l'avenir les fautes, dont le souvenir amer le poursuit; mais cette idée consolante lui échappe dès qu'il se représente la malheureuse faiblesse qui l'a plongé dans l'état d'humiliation où il se trouve, et il est toujours troublé par le sentiment de sa faute.

— Il n'est pas sans intérêt de comparer au récit de la douleur de Calypso, les passages où Fénelon a décrit le même sentiment, mais dans des circonstances différentes: on y trouvera à peu près les mêmes pensées disposées dans un autre ordre.

La douleur des Egyptiens à la mort de Sésostris (liv. II, § 40) viendra en son lieu. Analysons d'abord celle de Phérécide à la mort d'Hippias (liv. XVII, § 31), puis celle de Nestor à la mort de son fils Pisistrate (liv. xx, § 36).

THÊME. *Douleur de Phérécide.*

Liv. XVII, § 31. « Les Lacédémoniens s'avancent
» d'un pas lent et lugubre, tenant leurs piques ren-
» versées et leurs yeux baissés : la douleur amère
» est peinte sur ces visages farouches, et les larmes
» coulent abondamment. Puis on voyait venir Phéré-

» cide, vieillard moins abattu par le nombre des an-
» nées que par la douleur de survivre à Hippias,
» qu'il avait élevé depuis son enfance. Il levait vers
» le ciel ses mains et ses yeux noyés de larmes. De-
» puis la mort d'Hippias, il refusait toute nourriture ;
» le doux sommeil n'avait pu appesantir ses pau-
» pières, ni suspendre un moment sa cuisante peine :
» il marchait d'un pas tremblant, suivant la foule,
» et ne sachant où il allait. Nulle parole ne sortait
» de sa bouche, car son cœur était trop serré ; c'était
» un silence de désespoir et d'abattement ; mais quand
» il vit le bûcher allumé, il parut tout à coup furieux,
» et s'écria : O Hippias, Hippias, je ne te verrai plus !
» Hippias n'est plus, et je vis encore ! O mon cher
» Hippias, c'est moi cruel, moi impitoyable, qui t'ai
» appris à mépriser la mort ; je croyais que tes
» mains fermeraient mes yeux, et que tu recueillerais
» mon dernier soupir. O dieux cruels ! vous prolon-
» gez ma vie pour me faire voir la mort d'Hippias !
» O cher enfant que j'ai nourri, et qui m'a coûté tant
» de soins, je ne te verrai plus ; mais je verrai ta
» mère qui mourra de tristesse, en me reprochant ta
» mort ; je verrai ta jeune épouse frappant sa poi-
» trine, arrachant ses cheveux ; et j'en serai cause !
» O cher ombre ! appelle-moi sur les rives du Styx ;
» la lumière m'est odieuse : c'est toi seul, mon cher
» Hippias, que je veux revoir. Hippias ! Hippias !
» O mon cher Hippias ! je ne vis encore que pour
» rendre à tes cendres le dernier devoir. »

Plan.

Le plan général de ce morceau peut se réduire aux chefs suivants :

1° Actions et situations des personnes présentes : — Les Lacédémoniens ;...

2° Mouvements et sentiments de la personne affligée : — Phérécide abattu... il levait vers le ciel ses mains ;...

3° Effets de la douleur : — Depuis la mort d'Hippias il refusait toute nourriture... Le doux sommeil... Silence de désespoir ;

4° Exclamations mêlées de plaintes sur la rigueur des dieux : — O Hippias ! O dieux cruels !

5° Invocation : — O chère ombre ! appelle-moi...

12ᵉ (*bis*) SUJET. *Douleur de Philoctète à la mort d'Hercule. D'après la douleur de Phérécide à la mort d'Hippias* (liv. XV, § 5, 6, 7).

Matière.

Déjanire, poussée par la jalousie, fit présent à Hercule de la tunique du centaure Nessus. Dès que le héros s'en fut revêtu, « il sentit un feu dévorant qui » se glissait jusque dans la moelle de ses os. »

.... Il fit un bûcher.... il monta tranquillement.... s'appuyant sur sa massue.... il parla avec une tendre amitié à Philoctète.... un rayon de joie parut dans ses yeux.... Il ordonna d'allumer le feu du bûcher ; Philoctète obéit en tremblant... (Voir les faits, liv. XV, §§ 5, 6, 7, ou 6, 7, 8).

Synthèse du 12ᵉ (*bis*) *sujet.*

.... Hercule monta tranquillement sur le bûcher, s'appuyant sur sa massue et me jetant un dernier regard. Le feu cruel qui le brûlait ne put altérer la sérénité de ce noble visage ; il laissa néanmoins tomber quelques larmes. Puis il m'ordonna d'un ton ferme, d'allumer le feu du bûcher (1) : je le fis d'une main tremblante et en pleurant amèrement.... (2).

Depuis sa mort je ne pouvais plus voir les hommes ; j'errais souvent seul sans savoir où tendaient mes pas, et je ne voulais plus quitter ces déserts sauvages ; nulle distraction ne venait m'arracher à mes tristes pensées, car la perte que j'avais faite était irréparable (3). Je m'écriais souvent : O Hercule, Hercule, je ne te verrai plus ! Hercule n'est plus et je vis encore! O mon cher Hercule! c'est moi, ton meilleur ami, qui ressens le plus vivement ta perte; nous rêvions ensemble un avenir long et glorieux qui nous échappe tout à coup. O Parques cruelles! vous ne m'avez conservé plus longtemps une vie qui m'est odieuse que pour me faire voir la mort de celui dont j'ai partagé les dangers et la gloire. O cher ami! toi qui m'aimais si tendrement et qui m'apprenais à vaincre, je ne te verrai plus; mais je verrai ta cruelle épouse qui s'applaudira de son crime en narguant ma douleur; je verrai ton vieux père qui mourra de chagrin en maudissant Déjanire (4). O chère ombre! appelle-moi, je te suis, c'est de toi que dépend mon existence. Hercule! Hercule! ô mon cher Hercule! je ne vivais que pour toi et tu es mort (5)!

Motivez (1) : Actions et situation des personnes environnantes.

(2) Mouvements et sentiments de la personne affligée.

(3) Effets de la douleur.

(4) Exclamations et plaintes (O parques cruelles!).

(5) Invocation.

Douleur de Nestor.

Liv. xx, § 56. « Pendant que Philoctète répandait autour de lui le carnage et l'horreur, pour repousser les efforts d'Adraste, Nestor tenait serré entre ses bras le corps de son fils : il remplissait l'air de ses cris, et ne pouvait souffrir la lumière. Malheureux, disait-il, d'avoir été père et d'avoir vécu si longtemps! Hélas! cruelles destinées, pourquoi n'avez-vous pas fini ma vie, ou à la chasse du sanglier de Calydon, ou au voyage de Colchos, ou au premier siége de Troie? Je serais mort avec gloire et sans amertume; maintenant je traîne une vieillesse douloureuse, méprisée et impuissante; je ne vis plus

que pour les maux, et je n'ai plus de sentiment que
pour la tristesse. O mon fils! ô mon fils! ô cher Pisistrate! quand je perdis ton frère Antiloque, je t'a-
vais pour me consoler; je ne t'ai plus, je n'ai plus
rien; rien ne me consolera : tout est fini pour moi.
L'espérance, seul adoucissement des peines des
hommes, n'est plus un bien qui me regarde. Antiloque, Pisistrate, ô chers enfants! je crois que c'est
aujourd'hui que je vous perds tous deux; la mort
de l'un rouvre la plaie que l'autre avait faite au fond
de mon cœur. Je ne vous reverrai plus! qui fermera
mes yeux? qui recueillera mes cendres? O Pisistrate tu es mort, comme ton frère, en homme courageux; il n'y a que moi qui ne puis mourir. »

Plan.

Le plan du récit de la douleur de Nestor présente
beaucoup d'analogie avec celui du récit de la douleur de Phérécide.

En effet on y trouve :

1° Mouvements et sentiments de la personne affligée;

2° Exclamations mêlées de plaintes sur la rigueur
de la destinée;

3° Invocations accompagnées de regrets amers.

15e SUJET. *Douleur de Philoctète après la mort
d'Hercule. Sur la douleur de Nestor (liv. xx, § 36).*

Matière.

Philoctète était inconsolable de la mort d'Hercule.
« Il ne pouvait, dit Fénelon, voir les hommes, ni
» souffrir qu'on l'arrachât des déserts du mont Œta,
» où il avait vu périr son ami; il ne songeait
» qu'à se repeindre l'image de ce héros, et qu'à
» pleurer à la vue de ces tristes lieux. » « Her-
» cule se tua de crainte que l'excès de sa douleur ne

» le transportât jusqu'à faire quelque chose d'indigne
» de lui.» (Voir les faits liv. xv, §§, 5, 6, 7, 10).

Synthèse du 13e sujet.

Philoctète se désolait de la mort d'Hercule ; il remplissait l'air de ses cris et ne pouvait souffrir qu'on l'arrachât des déserts du mont OEta (1). Malheureux, s'écriait-il, d'avoir été aimé du grand Alcide et de lui survivre ! hélas ! parques cruelles, pourquoi n'avez-vous pas fini ma triste vie lorsque j'accompagnais mon ami, et que je partageais ses peines et ses travaux ? Je serais mort avec gloire ; maintenant je traîne une vie misérable et inutile, car je n'existe plus que pour verser des larmes et pour me repeindre l'image de ce héros (2). O mon ami ! ô mon ami ! ô mon cher Hercule ! quand je perdis mon père Péan, tu étais là pour me consoler ; tu es mort, il ne me reste plus rien sur la terre ! Péan, Hercule, ô chers amis ! je crois que bientôt nous nous réunirons dans ces champs fortunés où les justes jouissent d'une paix éternelle. Philoctète vous suivra au tombeau. Pourquoi rester encore ici bas ? Qui me consolerait dans mes peines, qui m'aiderait dans mes travaux ! O Hercule ! tu es mort comme Péan pour sauver ton honneur. Pourquoi ne suivrais-je pas ton exemple (3) ?

MOTIVEZ (1) : Mouvements de la personne affligée.
(2) Exclamations mêlées de plaintes, etc.
(3) Invocations, expression d'amers regrets.

THÊME.

Liv. 1er, § 2. Vue d'un naufrage. Récit ou description d'un événement fortuit avec rencontre de personnages.

2. Tout à coup elle aperçut les débris d'un navire qui venait de faire naufrage, des bancs de rameurs mis en pièces, des rames écartées çà et là sur le sable ; un gouvernail, un

mât, des cordages flottant sur la côte ; puis elle découvrit de loin deux hommes, dont l'un paraissait âgé ; l'autre, quoique jeune, ressemblait à Ulysse. Il avait sa douceur et sa fierté, avec sa taille et sa démarche majestueuse. La déesse comprit que c'était Télémaque, fils de ce héros ; mais quoique les dieux surpassent de loin en connaissance tous les hommes, elle ne put découvrir qui était cet homme vénérable dont Télémaque était accompagné. C'est que les dieux supérieurs cachent aux inférieurs tout ce qu'il leur plaît, et Minerve, qui accompagnait Télémaque sous la figure de Mentor, ne voulait pas être connue de Calypso.

Le cadre de cette composition est :

Tout à coup elle aperçut (*vit, reconnut, ou tout autre verbe*) les.... des.... des.... des.... un..... un.... des.... (*énumération de parties*) ; puis elle découvrit (deux hommes dont l'un .... l'autre....). La déesse comprit que...... mais quoique...... elle ne put..... c'est que.....

L'auteur, comme on voit, dit :

1° Ce que Calypso aperçut de près ;

2° Ce qu'elle découvrit de loin ;

3° Ce qu'elle comprit ;

4° Ce qu'elle ne comprit pas ;

5° Enfin, pourquoi elle ne comprit pas.

Ce plan peut être suivi pour décrire un incendie, — une voiture versée, — le désastre causé par la grêle dans les moissons, — les suites horribles de la guerre dans une province, etc.

14e SUJET. *Description d'un incendie* (liv. 1er), § 2.

Matière.

Des tourbillons de flammes..... des poutres embrasées..... ; du plomb fondu, etc. — Deux hommes courageux, dont l'un cherchait à n'être pas reconnu, c'était le maire de la ville ; l'autre était son fils.....

Synthèse du 14e sujet.

Tout à coup nous aperçumes le spectacle effrayant des ravages causés par l'incendie, des tourbillons de

flammes s'élevant dans les airs, des poutres à demi
embrasées tombant çà et là du haut de l'édifice ;
des murs entiers s'affaissant sous leur propre poids ;
des ruisseaux de plomb fondu, coulant comme des
laves au milieu des rues (1). Puis nous découvrîmes
presqu'au milieu des flammes, deux hommes dont
l'un plein de vigueur, était armé d'une hache et faisait les derniers efforts au péril de sa vie, pour cou-
per la communication du feu ; l'autre, quoique plus
faible, ne montrait pas moins de courage (2) ; il ressemblait au maire de cette ville ; il avait son activité, son audace et sa fermeté inébranlable. Mon
compagnon reconnut en lui le jeune Hector fils de
ce magistrat (3) ; mais quoiqu'il eût la vue meilleure que la mienne, il ne put découvrir quel était
cet homme extraordinaire dont Hector était accompagné (4). C'est que les hommes courageux et mo-
destes n'aiment point à se donner en spectacle lors
même qu'ils ont les plus grands titres à la reconnaissance publique (5), et le maire, qui avait voulu
rivaliser de dévouement avec son fils, sous le dé-
guisement d'un homme du peuple, ne voulait pas
être reconnu de la multitude.

Motivez : (1) Ce qu'on aperçoit de près.

(2) Ce qu'on découvre de loin.

(3) Ce qu'on comprend.

(4) Ce qu'on ne parvient pas à comprendre.

(5) Quelle cause s'y oppose.

15e sujet. *L'orage* (liv. I, § 2).

Matière.

Préambule. Pendant une nuit d'été, un ouragan
furieux avait éclaté sur le village de Beauval. Edmond, jeune homme de quinze ans, sortait du
château de ses parents pour aller goûter l'air frais
du matin.

§ 2. Tout à coup il aperçut les débris... arbres...

torrent... cabanes... récoltes. Puis il découvrit de loin une femme et deux enfants... Edmond comprit que c'étaient les victimes... Il ne put découvrir les autres villageois... la foudre les avait frappés au milieu de leur sommeil.

Synthèse du 15e sujet.

Pendant une nuit d'été, un ouragan furieux avait éclaté sur le village de Beauval. Edmond, jeune homme de quinze ans, sortait du château de ses parents, qui ne s'étaient point réveillés, pour respirer l'air frais du matin.

Tout à coup il aperçut les débris dont l'orage avait jonché la plaine, des arbres déracinés, des torrents, grossis par la pluie, se précipitant çà et là du flanc de la montagne : des cabanes consumées, des récoltes enlevées, flottant dans les ravins ; puis il découvrit de loin une femme et deux enfants, dont l'un, encore jeune, demeurait suspendu à son cou ; l'autre, quoique plus âgé, la suivait avec peine ; il avait la douleur peinte sur ses traits et le visage baigné de larmes. Edmond comprit que c'étaient les victimes de ce triste événement ; mais, quoiqu'il portât de tous côtés ses regards, il ne put découvrir où étaient les autres villageois dont cette nuit avait anéanti la fortune : c'est que ces infortunés avaient éprouvé un sort encore plus déplorable, et que la foudre, qui avait tout dévasté, les avait frappés au milieu de leur sommeil.

16e SUJET. *La voiture versée.* (Fragment de lettre.)

Matière.

Diligence versée au coin d'une rue ; objets qui roulent pêle-mêle dans la boue... Deux dames qui sortent de la caisse brisée de la voiture, l'une jeune, l'autre âgée... M. *** reconnaît la première. Sa mémoire ne lui rappelle pas d'abord celle qui l'accompagnait.

Synthèse du 16e sujet.

Tout à coup j'aperçus le spectacle assez curieux des embarras causés par la chute d'une diligence qui venait de verser au coin d'une rue. Des malles brisées, des vêtements d'hommes et de femmes jetés çà et là pêle-mêle au milieu de la rue ; une valise, un chapeau, des cartons roulants dans la boue : puis je vis sortir de la carcasse à demi-rompue de l'énorme voiture deux dames, dont l'une paraissait âgée ; l'autre, jeune encore, ressemblait à ta tante. Elle avait son enjouement et sa douceur, avec sa taille et sa grâce naturelle.... je reconnus que c'était Mlle D***, ta charmante cousine ; mais, quoique je fisse, je ne pus découvrir quelle était la personne respectable dont elle était accompagnée. C'est que le temps efface les souvenirs, et Mlle X***, qui accompagnait ta cousine dans un costume de voyage un peu négligé, avait, il faut bien l'avouer, beaucoup vieillie depuis que je ne l'avais vue. Je ne saurais te dire combien je fus réjoui d'une mésaventure qui me procurait l'occasion de donner l'hospitalité à deux personnes si aimables.

17e sujet. *Douleur de Télémaque renfermé dans la tour de Péluse.*

Matière.

§ 1er. Télémaque, dans la tour, est en proie à la douleur... Livres (ou flûte) que Termosiris lui avait donnés... Prédictions de Minerve... Il a vu disparaître la flotte qui lui était destinée.

§ 2. Tout à coup il aperçoit des vaisseaux... puis il remarque sur le rivage, des Egyptiens.. Télémaque comprend que ces Egyptiens sont divisés entre eux, et soupçonne que Bocchoris a suscité une révolte de ses sujets (*Voir* les faits, liv. II, § 42, 43).

Synthèse du 17ᵉ sujet.

§ 1ᵉʳ. Télémaque ne pouvait se consoler d'être renfermé dans la tour de Péluse. Dans son abattement, il enviait le sort de ceux qu'il voyait exposés au naufrage. Les livres que Termosiris lui avait donnés ne le consolaient plus. L'esclave chargé de lui apporter sa nourriture, compatissait en secret à son sort. Seul, dans la tour, il pensait à son cher Mentor et aux jours heureux qu'il avait passés au milieu des bergers ; mais ces doux souvenirs, loin de modérer sa douleur, ne faisaient que lui rappeler les promesses de son ami et les prédictions de Minerve et de Termosiris, si cruellement démenties. Souvent il demeurait immobile devant les barreaux de sa prison, qu'il n'espérait point de pouvoir forcer, et il était sans cesse tourné vers le côté où le vaisseau qui lui était destiné, fendant les ondes, avait disparu à ses yeux.

§ 2. Tout à coup il aperçut comme une forêt de mâts de vaisseaux, la mer était couverte de voiles que les vents enflaient, l'onde était écumante sous les coups des rames innombrables : on entendait de toutes parts des cris confus (1). Puis il remarqua sur le rivage une partie des Egyptiens effrayés qui couraient aux armes ; d'autres, qui semblaient aller au devant de la flotte qu'on voyait arriver (2). Télémaque comprit que ces Egyptiens étaient divisés entre eux (3). Quoique depuis longtemps il n'eût plus vu les hommes ni conversé avec eux, il soupçonna que Bocchoris avait, par ses violences, causé une révolte de ses sujets et allumé la guerre civile (4). C'est que ses malheurs l'avaient rendu expérimenté (5), et lui faisaient penser que Bocchoris, ayant commencé son règne par une conduite tout opposée à celle de son père, ne s'était pas fait aimer des Egyptiens, qui ne pouvaient oublier le bonheur qu'ils avaient goûté sous le règne de Sésostris, ni supporter la conduite lâche et cruelle de son fils.

MOTIVEZ. — (1) : Ce que Télémaque aperçoit de près.

(2) Ce qu'il remarque de plus loin.

(3) Ce qu'il comprend d'abord.

(4) Ce qu'il soupçonne ensuite.

(5) Cause.

THÈME.

§ 3. Dissimulation de sentiment.

3. Cependant Calypso se réjouissait d'un naufrage qui mettait dans son île le fils d'Ulysse, si semblable à son père. Elle s'avance vers lui, et sans faire semblant de savoir qui il est : D'où vous vient, lui dit-elle, cette témérité d'aborder dans mon île? Sachez, jeune étranger, qu'on ne vient point impunément dans mon empire. Elle tâchait de couvrir sous ces paroles menaçantes, la joie de son cœur qui éclatait malgré elle sur son visage.

§ 4. Prière. Discours.

4. Télémaque lui répondit : O vous! qui que vous soyez, mortelle ou déesse (quoi qu'à vous voir, on ne puisse vous prendre que pour une divinité), seriez-vous insensible au malheur d'un fils qui, cherchant son père à la merci des vents et des flots, a vu briser son navire contre vos rochers? Quel est donc votre père que vous cherchez? reprit la déesse. Il se nomme Ulysse, dit Télémaque, c'est un des rois qui ont, après un siége de dix ans, renversé la fameuse Troie. Son nom fut célèbre dans toute la Grèce et dans l'Asie, par sa valeur dans les combats, et plus encore par sa sagesse dans les conseils. Maintenant errant dans toute l'étendue des mers, il parcourt tous les écueils les plus terribles. Sa patrie semble fuir devant lui. Pénélope sa femme, et moi qui suis son fils, nous avons perdu l'espérance de le revoir. Je cours avec les mêmes dangers que lui, pour apprendre où il est. Mais, que dis-je! peut-être qu'il est maintenant enseveli dans les profonds abîmes de la mer. Ayez pitié de nos malheurs; et si vous savez, ô déesse! ce que les destinées ont fait pour sauver ou pour perdre Ulysse, daignez en instruire son fils Télémaque.

Plan.

Dans cette prière on trouve :

1° L'invocation, accompagnée de louanges : O vous, qui que vous soyez... que pour une divinité ;

2° Le sentiment : Seriez-vous insensible au malheur d'un fils, qui, cherchant son père... ;

3° Les motifs : il se nomme Ulysse, sa patrie semble fuir devant lui,.. je cours avec les mêmes dangers... ;

4° Le but : Ayez pitié de nos malheurs ; et si vous savez... daignez...

18e SUJET. *Prière de l'enfant prodigue à son père.*

Matière.

Après avoir vu se dissiper ses folles illusions, l'enfant prodigue tomba dans la plus affreuse misère. Las d'une vie vagabonde et malheureuse, il fit taire un sot orgueil et implora le pardon paternel, tout en avouant son ingratitude et les déréglements qui en furent la suite.

Synthèse du 18e sujet.

O mon père ! quoique je ne mérite plus de vous appeler de ce doux nom (1), seriez-vous insensible au malheur d'un fils qui, croyant trouver le bonheur au milieu de la dissipation et du désordre, a vu briser toutes ses illusions contre l'affreuse réalité (2)? Le besoin d'obtenir le pardon de mon père me ramène à vos pieds ; c'est le repentir qui, après avoir longtemps déchiré mon cœur, a fait enfin fléchir mon déplorable orgueil (3). Ma vie fut souillée par tous les déréglements, et plus encore par mon ingratitude envers mon père. Maintenant, errant de pays en pays, je souffre les tourments les plus cruels ; le bonheur semble fuir devant moi : j'ai perdu l'espérance de le recouvrer. Ayez pitié de mon malheur, et si vous êtes touché, ô mon père, des souffrances de votre enfant, daignez pardonner à votre coupable fils (4) !

(Du pensionnat des demoiselles JOTTRAND, à Namur.)

MOTIVEZ. — (1) Invocations, louanges (*doux nom.*)

(2) Sentiment que l'enfant prodigue cherche à exciter dans le cœur de son père.

(3) Le besoin d'obtenir le pardon, le repentir.

(4) But de la prière : Daignez pardonner.

19e SUJET. *Prière d'Esther à Assuérus.*

Matière.

Esther, épouse du roi Assuérus, implore pour sa vie et pour les jours des juifs persécutés, errants, qu'Aman a résolu de perdre. Ils béniront chaque jour la main qui les aura délivrés.

Synthèse.

O grand et généreux monarque ! seriez-vous insensible aux larmes de celle que vous avez daigné honorer du glorieux titre d'épouse ? Rejeterez-vous la prière d'une infortunée qui vous implore pour sa propre vie et pour les jours d'un peuple malheureux qui, après avoir gémi si longtemps sous les murs de Babylone, a été si injustement condamné à périr. Autrefois souverains d'une des plus riches contrées de la terre, les juifs voyaient prospérer leur nation, et croyaient n'avoir à former aucun vœu; maintenant, hors de leur patrie, réduits à l'esclavage et condamnés à la mort, ils vous implorent par ma bouche. Voyez les infortunés descendants d'Abraham en proie à tous les maux, ayez pitié de leurs malheurs (1), rendez-les à la vie; ils béniront chaque jour la main qui les

---

(1) Ce passage est imité de la prière de Télémaque à Sésostris, liv. II, § 13 : « Rendez-moi à mon père et à ma patrie. Ainsi puissent les dieux vous conserver à vos enfants, et leur faire sentir la joie de vivre sous un si bon père. »

aura si généreusement délivrés. Puisse le Dieu de nos pères vous conserver le trône que vous êtes si digne d'occuper, et faire sentir à vos peuples combien ils sont heureux d'être gouvernés par un si bon prince !

THÊME.

§ 5. Effet de la prière, de l'éloquence (sachez qu'on ne vient point impunément... venez), effets de vertus ou de vices dans les personnes, de qualités dans les choses qui n'en paraissaient pas susceptibles.

5. Calypso, étonnée et attendrie de voir dans une si vive jeunesse tant de sagesse et d'éloquence, ne pouvait rassasier ses yeux en le regardant, et elle demeurait en silence. Enfin elle lui dit : Télémaque, nous vous apprendrons ce qui est arrivé à votre père. Mais l'histoire en est longue : il est temps de vous délasser de vos travaux. Venez dans ma demeure, où je vous recevrai comme mon fils : venez, vous serez ma consolation dans cette solitude, et je ferai votre bonheur, pourvu que vous sachiez en jouir.

Plan.

1° Effet sur l'auditeur,
2° Sur ses déterminaisons.

20ᵉ SUJET. *Jonathas, fils de Saül, demande à son père la grâce de David.*

Matière.

§ 4. Saül, roi d'Israël, envieux de la gloire que David avait acquise, l'exile et cherche à le faire mourir. Jonathas, fils de Saül, lui adresse une prière touchante pour le fléchir.

Représenter les exploits de David : il avait tué le géant Goliath et sauvé l'armée d'Israël.

§ 5. Représenter Saül fléchi en voyant l'étroite amitié qui unit les deux jeunes hommes : il rappelle David.

Synthèse du 20ᵉ sujet.

§ 4. O mon père ! vous toujours si bienveillant

3

pour moi, quoique votre présence aujourd'hui me remplisse de crainte, seriez-vous insensible aux larmes d'un fils qui, craignant pour les jours de son ami, tremble de voir ses prières échouer contre votre ressentiment? De quel ami venez-vous encore m'entretenir? reprit Saül. De David, dit Jonathas : ce jeune berger, qui, après un combat glorieux, a vaincu le géant Goliath. Son nom, vous le savez, devint célèbre chez les Philistins par sa valeur dans les combats, et plus encore dans Israël par la magnanimité de son caractère. Maintenant, errant dans toute l'étendue de votre royaume, il parcourt toutes les villes sans trouver un refuge assuré : sa belle patrie, pour laquelle il a combattu, semble perdue pour lui. Sa famille, et moi qui l'aime comme un frère, nous avons perdu l'espérance de le revoir. Je m'informe vainement du lieu de sa retraite. Mais que dis-je? peut-être que, chassé partout, sans ressources, il est maintenant dans la plus profonde misère. Ayez pitié de mes larmes; et si vous avez résolu, ô roi! de rendre enfin David à son père, à sa famille, à lui-même, daignez en instruire son ami Jonathas.

§ 5. Saül étonné et attendri de trouver dans Jonathas tant de fidélité et de grandeur d'âme, ne pouvait dissimuler son trouble, et il demeurait en silence. Enfin il lui dit : Jonathas, apprenez à David que votre père n'est plus irrité contre lui; ma colère n'a été que trop longue, il est temps que je rende justice à sa valeur et à ses vertus. Allez! rappelez-le dans mon palais, où je le recevrai comme un autre fils; allez, il sera votre consolation dans cette demeure, et je ferai son bonheur en augmentant le vôtre.

21e SUJET. *Joseph intendant de l'Egypte.*

Matière.

§ 2. Joseph aperçoit une troupe de dix voyageurs ; leur chameau, etc. Il reconnaît ses frères : Siméon ressemblait à Jacob. Joseph dédaigne de se venger.

§ 3. Il se réjouit d'une disette qui amène ses frères en Egypte, et feint de les prendre pour des espions.

§ 4. Judas lui expose le but de leur voyage, lui parle du patriarche Jacob, leur père, et de Benjamin leur jeune frère, en proie à la famine, qui attendent leur retour.

§ 6. Joseph est touché et attendri par ces marques d'amour filial, il découvre à ses frères qui il est, promet de leur apprendre ce qui lui est arrivé, et les renvoie à Canaan chercher Jacob et Benjamin. (Voir l'*Histoire Sainte* par M. Ansart ou *Epitome*, chapitre 55 et suivants.)

Synthèse du 21e sujet.

Joseph se délassait le soir des affaires de la journée, lorsqu'...

Tout à coup il aperçut une troupe de voyageurs qui s'avançaient vers le palais de Pharaon ; il remarqua leurs vêtements presque en lambeaux (par suite d'un long voyage), leur coiffure semblable à celle des Canéens, un chariot, un chameau, des mulets allant à côté des étrangers ; puis il vit plus distinctement qu'ils étaient au nombre de dix hommes qui ne lui paraissaient pas inconnus, mais dont l'un surtout, quoique dans la force de l'âge, ressemblait à Jacob. Il en avait la douceur et la gravité, avec le port noble et vénérable ; Joseph comprit que c'était Siméon, et reconnut à l'instant même tous ses frères ; mais quoique les hommes aient un secret penchant à la vengeance, cette passion ne pouvait rien sur le cœur de Joseph ; c'est que le sage ne se livre qu'à généreux sentiments; et Joseph, qui avait été instruit à l'école du malheur, et qui n'avait pas oublié les leçons de Jacob, possédait à un haut degré la sagesse et la vertu.

§ 3. Aussi se réjouissait-il pour ainsi dire, d'une disette qui amenait en Egypte des frères qu'il aimait encore malgré leur cruauté, et qui lui fournissaient une si belle occasion de rendre le bien pour le mal. Il s'avance vers eux, et, sans leur faire savoir qui il est : D'où vous vient, leur dit-il, l'audace téméraire de venir en ce pays d'ans l'intention hostile d'explorer nos villes et les places d'Egypte peu fortifiées? Sachez, ô étrangers! que les espions ne viennent point impunément dans cet empire, et que je sais déjouer leurs projets. Il tâchait de couvrir sous ces paroles menaçantes et soupçonneuses, l'émotion et la joie de son cœur, qui éclataient malgré lui sur son visage.

§ 4. Judas lui répondit: O vous, qui que vous soyez, simple sujet ou grand dignitaire de cet empire, quoique à vous voir on ne puisse douter que vous ne soyez en faveur auprès de Pharaon, seriez-vous insensible à la voix suppliante de dix étrangers qui ont bravé les dangers et les fatigues d'un long et pénible voyage, dans l'espoir de procurer du pain à leur vieux père et à leur frère encore enfant? Quel est donc ce vieillard que vous appelez votre père? reprit Joseph. Il se nomme Jacob, dit Judas; c'est un des patriaches de la Judée, qui, pendant le cours d'une vie séculaire, a donné l'exemple de toutes les vertus; son nom est célèbre dans son pays et dans toutes les contrées voisines, par sa piété, et plus encore par les faveurs éclatantes dont notre Dieu l'a comblé. Maintenant réduit à la misère, par l'affreuse disette qui désole l'Asie, il craint pour ses jours, mais surtout pour ceux de son cher Benjamin; hélas! si nous tardons à les secourir, nous perdrons l'espérance de les revoir. Nous sommes venus en hâte en ce pays, pour y chercher ce qui est nécessaire au soutien de leur vie; mais que dis-je! peut-être qu'ils ont déjà succombé à la plus affreuse mort : ayez pitié de notre douleur, et si vous avez, ô prince, un cœur noble et généreux, ne refusez pas à des enfants les moyens de sauver la vie de leur père.

§ 5. Joseph, touché et attendri jusqu'aux larmes, de voir dans le cœur de ses frères, autrefois égarés par l'envie, tant de dévouement et d'amour filial, et ne doutant plus de leur repentir, céda au désir qui le pressait de se découvrir à eux, et les rassura par ses caresses. Enfin il leur dit : Mes frères, je vous apprendrai tout ce qui m'est arrivé, mais l'histoire en est longue; il est temps que vous portiez du secours à notre père; allez à Canaan, amenez ici Jacob et Benjamin; venez tous partager ma fortune; venez, vous serez ma joie au milieu des grandeurs qui m'importunent, et nous goûterons enfin le bonheur. Puisse notre vieux père en jouir longtemps encore!

THÊME.

§ 6. Cortége, revue, ordre ou distribution de parties dans les choses.

6. Télémaque suivait la déesse environnée d'une foule de jeunes nymphes, au-dessus desquelles elle s'élevait de toute la tête, comme un grand chêne dans une forêt élève ses branches épaisses au-dessus de tous les arbres qui l'environnent. Il admirait l'éclat de sa beauté, la riche pourpre de sa robe longue et flottante, ses cheveux noués par derrière négligemment, mais avec grâce, le feu qui sortait de ses yeux, et la douceur qui tempérait cette vivacité. Mentor, les yeux baissés, gardant un silence modeste, suivait Télémaque.

22ᵉ SUJET. *Triomphe de Mardochée.*

Matière.

Foule qui environne Mardochée (suivi d'Aman),

et qui murmure contre l'orgueilleux ministre. On admire le costume de Mardochée (manteau de pourpre), sa contenance, sa modestie, son bonheur d'avoir sauvé son peuple. Attitude d'Aman.

Synthèse du 22e sujet.

§ 6. Aman suivait l'heureux Mardochée, environné d'une foule immense, du sein de laquelle s'élevaient des murmures contre l'orgueilleux ministre. On admirait l'éclat du costume de Mardochée, la richesse du manteau de pourpre attaché avec grâce sur ses épaules, sa contenance digne et fière, mais empreinte d'une noble modestie; la douceur de son visage où brillait plutôt la joie d'avoir sauvé son peuple, que le plaisir d'avoir abattu son ennemi. Aman, l'œil farouche, gardant un morne silence, marchait dans l'attitude d'un vaincu.

THÊME.

§§ 7 et 8. Description,

7. On arriva à la porte de la grotte de Calypso, où Télémaque fut surpris de voir, avec une apparence de simplicité rustique, tout ce qui peut charmer les yeux. Il est vrai qu'on n'y voyait ni or, ni argent, ni marbre, ni colonnes, ni tableaux, ni statues; mais cette grotte était taillée dans le roc, en voûtes pleines de rocailles et de coquilles; elle était tapissée d'une jeune vigne qui étendait également ses branches souples de tous côtés. Les doux zéphyrs conservaient en ce lieu, malgré les ardeurs du soleil, une délicieuse fraîcheur: des fontaines, coulant avec un doux murmure, sur des prés semés d'amarantes et de violettes, formaient en divers lieux des bains aussi purs et aussi clairs que le cristal: mille fleurs naissantes émaillaient les tapis verts, dont la grotte était environnée. Là on trouvait un bois de ces arbres touffus qui portent des pommes d'or, et dont la fleur, qui se renouvelle dans toutes les saisons, répand le plus doux de tous les parfums; ce bois semblait couronner ces belles prairies, et formait une nuit que les rayons du soleil ne pouvaient percer: là, on n'entendait jamais que le chant des oiseaux, ou le bruit d'un ruisseau qui, se précipitant du haut d'un rocher, tombait à gros

bouillons pleins d'écume, et s'enfuyait au travers de la prairie.

8. La grotte de la déesse était sur le penchant d'une colline : de là on découvrait la mer, quelquefois claire et unie comme une glace, quelquefois follement irritée contre les rochers, où elle se brisait en gémissant et élevant ses vagues comme des montagnes ; d'un autre côté, on voyait une rivière où se formaient des îles bordées de tilleuls fleuris et de hauts peupliers qui portaient leurs têtes superbes jusque dans les nues. Les divers canaux qui formaient ces îles semblaient se jouer dans la campagne : les uns roulaient leurs eaux claires avec rapidité, d'autres avaient une eau paisible et dormante ; d'autres, par de longs détours, revenaient sur leurs pas, comme pour remonter vers leur source, et semblaient ne pouvoir quitter ces bords enchantés. On apercevait de loin des collines et des montagnes qui se perdaient dans les nues, et dont la figure bizarre formait un horizon à souhait pour le plaisir des yeux. Les montagnes étaient couvertes de pampre vert qui pendait en festons : le raisin, plus éclatant que la pourpre, ne pouvait se cacher sous les feuilles, et la vigne était accablée sous son fruit. Le figuier, l'olivier, le grenadier et tous les autres arbres, couvraient la campagne, et en faisaient un grand jardin.

Le cadre de cette description est :

§ 7... La grotte (nom de l'objet à décrire)..., où telle personne est surprise de voir (*affligée, charmée, effrayée, ou tout autre sentiment*)... Il est vrai qu'on n'y voyait ni.... ni... ni.... (contraires et énumération de qu'on n'y voyait pas) ; mais cette grotte était taillée (ce qu'on y voyait)...., elle était tapissée.....les doux zéphirs conservaient...., des fontaines formaient...., mille fleurs naissantes émaillaient....., là on trouvait...., là on n'entendait.....

§ 8. La grotte était située....., de là on découvrait....., d'un autre côté on voyait....., les divers canaux semblaient....., les uns roulaient....., d'autres revenaient....., on apercevait (de loin)..... les montagnes voisines (de près) étaient....., etc.

Le plan ou cadre généralisé de cette composition peut se réduire aux points suivants, qu'il sera utile de se rappeler en décrivant quoi que ce soit :

1° Le sentiment que fait éprouver la première vue de l'objet : *Télémaque fut surpris de voir;*

2° Ce qu'on n'y voit pas : *ni or, ni argent....;*

3° Ce qu'on y voit : *la grotte était taillée en voûtes pleines de rocailles et de coquilles..... : là on trouvait un bois....;*

4° Ce qu'on entend (ou par les contraires, ce qu'on n'entend pas) : *là on n'entendait jamais que le chant des oiseaux ou le bruit d'un ruisseau;*.

5° Ce qu'on aperçoit de loin : *des collines et des montagnes qui se perdaient dans les nues....;*

6° Ce qu'on aperçoit de près : *les montagnes voisines étaient couvertes.....*

En comparant à cette description de la grotte d'autres compositions du même genre, par exemple, la description d'Achérontia, liv. XVIII, § 5, et celle des Champs-Elysées, liv. XIX, § 4, on reconnaît, pour peu qu'on généralise, que Fénelon y suit presque exactement le même plan, et y fait passer les mêmes objets sous les yeux du lecteur : ce sont *des bocages odoriférants*, au lieu *d'arbres dont la fleur répand le plus doux de tous les parfums; des gazons toujours renaissants et fleuris*, au lieu de *prés semés d'amarantes et de violettes; et de fleurs naissantes qui émaillent les tapis verts; des ruisseaux, des oiseaux,* etc. L'auteur va même jusqu'à reproduire les mêmes tournures de phrases. Ainsi, *là on n'entendait jamais que le croassement des corbeaux et la voix lugubre des hiboux,* c'est la synthèse de celleci, *là on n'entendait jamais que le chant des oiseaux ou le bruit d'un ruisseau.*

23ᵉ **SUJET.** *L'intérieur de la Bastille* (une prison quelconque).

Matière.

Le sentiment éprouvé. Ce qu'on y voyait; ce qu'on n'y voyait point. Comment cette prison est construite. L'air y pénétrait à peine. Description des cellules ; les inscriptions qui s'y trouvaient. Les instruments de torture et de supplice qu'on y voyait. Les gémissements qu'on y entendait. Le bruit des verroux....

Synhèse du 23e sujet.

§ 7. Nous arrivâmes dans l'intérieur de la Bastille, où nous fûmes saisis en voyant, avec une apparence de sombre tristesse, tout ce qui peut glacer d'effroi. On n'y voyait ni ornements d'architecture, ni meubles, ni livres, ni aucun de ces objets inventés pour l'usage ou pour l'agrément de la vie : cette vaste prison était construite en voûtes qui semblaient avoir été taillées dans le roc , tant elles étaient froides et humides. L'air pur pénétrait à peine dans ces lieux et jamais un rayon de soleil n'en venait dissiper les malsaines et infectes vapeurs. Des cellules avec des portes de fer, pratiquées le long d'une immense galerie , formaient de distance en distance des cachots aussi noirs et aussi lugubres que la nuit. Mille inscriptions sinistres, tracées par la main des malheureux prisonniers, couvraient les murs de cette horrible demeure. Là, on trouvait un amas de ces instruments terribles qui servent à la torture et au supplice des condamnés, et dont l'aspect, quand ils paraissent au jour, inspire l'épouvante : ces instruments semblaient les seuls en usage dans ce séjour de douleur, et formaient un tableau qu'on ne pouvait regarder sans frémir. Là, on n'entendait que les gémissements plaintifs du désespoir, ou le bruit des verroux et des portes criant sur leurs gonds, dont l'écho, mille fois répété, se perdait enfin dans les profondeurs caverneuses de cet immense édifice.

24e SUJET. *Le Télémaque de Fénelon.*

Synthèse.

§7. Quand on s'occupe de l'étude de ce chef-d'œuvre

5.

de la littérature française, on est charmé d'y trouver avec une apparence de noble simplicité, tout ce qui peut élever l'esprit. On n'y voit ni vains ornements, ni images étudiées, ni cette élocution qui semble le résultat pénible de l'art; mais ce livre, dû à l'étude du cœur de l'homme, renferme des pensées pleines de dignité et de grandeur. Il est orné des grâces d'une éloquence persuasive qui répand partout ses charmes. Des récits variés y conservent, sous l'allégorie de la fable, un agréable intérêt; des descriptions placées avec goût dans le cours des voyages du jeune fils d'Ulysse, forment une suite d'images aussi belles et aussi gracieuses que celle de la poésie d'Homère. Mille traits sublimes embellissent les hauts faits dont la vie de Télémaque est composée. Là on trouve les germes de cette doctrine pure et élevée qui nous fait chérir la vertu, et dont l'enseignement, qui s'applique à tous les âges, nous procure une si précieuse leçon. Des maximes sublimes remplissent ce bel ouvrage, et forment une morale que la malignité du vice ne saurait flétrir. Là on n'entend que le langage de la vérité, ou les avertissements d'un Mentor vertueux qui, réprimant les fautes de Télémaque, lui inspire des sentiments pleins de sagesse, et le dirige à travers les écueils de ses passions.

25e SUJET. *Portrait de Mentor.*

Synthèse.

27. Quand on abordait Mentor, on était étonné de voir en lui, avec les apparences de la plus modeste simplicité (1), quelque chose de noble et d'élevé qui commandait le respect (2). Ses vêtements n'étaient ni élégamment drappés ni chargés d'ornements (3), mais il les portait avec beaucoup d'aisance et de grâce (4); tout en lui respirait une douceur et une

bonté parfaites (5) qui se faisaient remarquer également dans toutes ses actions. Son visage, miroir de son âme, conservait, au milieu même des plus grands périls, une douce sérénité ; ses discours dictés par la sagesse, coulant avec une éloquence persuasive de ses lèvres divines, faisaient sur tous ceux qui avaient le bonheur de l'entendre, une vive et profonde impression (7); divers talents précieux (8) rehaussaient les belles qualités dont son cœur était orné (9). A la guerre il montrait l'ardeur d'un héros que rien n'étonne, et dont le bras toujours invincible, répand dans les rangs ennemis la terreur et la mort (10). Cette valeur qui semblait renverser au hasard tous les obstacles, était néanmoins guidée par la prudence (11), et en faisait le capitaine le plus accompli qui fut jamais (12). Après la victoire on ne l'entendait jamais vanter lui-même ses exploits (13); mais la renommée, qui vole avec la rapidité de l'éclair, portait avec l'éloge de sa modestie, le bruit de ses belles actions jusqu'aux peuples les plus éloignés (14).

MOTIVEZ. Pourquoi avez-vous dit « avec les apparence de la plus modeste simplicité. » Montrez le fait. — 1. J'ai vu, liv. I, § 6, Mentor gardant un silence modeste suivait Télémaque et liv. VI, § 8. D'abord on ne l'avait point regardé à cause de ses habits simples et négligés, de sa contenance modeste.

2. Elle croyait sentir en lui (Mentor) quelque chose de divin, liv. I, § 22; on découvrit dans son visage quelque chose de ferme et d'élevé, 6, § 8.

3. A cause de ses habits simples et négligés 6, § 8.

4. Ses paroles quoique simples étaient pleines de grâces, 7, § 3.

5. La douceur et le courage du sage Mentor me charmèrent, 1 § 25. Il (Mentor) répondait à toutes avec douceur. (Liv. VII, § 3.)

6. Mentor paraît dans ce danger non-seulement ferme et intrépide, liv. 1, § 23, mais doux et tran-

quille, liv. VI, § 19 (20). Mentor aussi paisible qu'il l'est maintenant sur ce siége de gazons, me disait ... liv. VI, § 21 (22).

7. Les paroles de Mentor, quoique graves et simples, avaient une vivacité et une autorité qui commençaient à manquer à Nestor. Liv. X, § 29.

8. Mentor chantait et jouait de la lyre (repas donné par Adoam, liv. VIII, § 5) (30).

9. La douceur, le courage, la prudence, etc.

10. Mentor montre dans ses yeux une audace..... La mort courait de rang en rang partout sous ses coups (liv. I, § 35).

11. *Guidée par la prudence.* Les conseils de Mentor à Aceste le prouvent.

12. Mentor était Minerve elle-même.

13. Silence de Fénelon à cet égard.

14. On parla de lui en Sicile, dans le désert d'Oasis, à Salente, etc.

THÊME.

§ 9. Réception. Hospitalité.

9. Calypso ayant montré à Télémaque toutes ces beautés naturelles, lui dit : Reposez-vous ; vos habits sont mouillés, il est temps que vous en changiez : ensuite nous nous reverrons, et je vous raconterai des histoires dont votre cœur sera touché. En même temps elle le fit entrer avec Mentor, dans le lieu le plus secret et le plus reculé d'une grotte voisine de celle où la déesse demeurait. Les nymphes avaient eu soin d'allumer en ce lieu un grand feu de bois de cèdre, dont la bonne odeur se répandait de tous côtés, et elles y avaient laissé des habits pour les nouveaux hôtes.

Ce morceau se compose des points suivants :

1° Témoignages de bienveillance pour la personne reçue ;

2° Ce qu'on lui dit et ce qu'on lui propose ;

3° Ce qu'on fait pour lui être agréable ;

4° Ce que font les gens attachés au service de la personne qui reçoit.

§ 10. Vanité. — Sentiment qu'éprouve la personne qu'on accueille. — Sentiment qui peut conduire celui qui l'éprouve, à un résultat contraire à sa pensée.

10. Télémaque, voyant qu'on lui avait destiné une tunique d'une laine fine dont la blancheur effaçait celle de la neige, et une robe de pourpre avec une broderie d'or, prit le plaisir qui est naturel à un jeune homme, en considérant cette magnificence.

§ 11. Reproches. — Observations de supérieur à inférieur; et, par les contraires, d'inférieur à supérieur.

11. Mentor lui dit d'un ton grave : Sont-ce donc là, ô Télémaque ! les pensées qui doivent occuper le cœur du fils d'Ulysse? Songez plutôt à soutenir la réputation de votre père et à vaincre la fortune qui vous persécute. Un jeune homme qui aime à se parer vainement comme une femme, est indigne de la sagesse et de la gloire. La gloire n'est due qu'à un cœur qui sait souffrir la peine et fouler aux pieds les plaisirs.

§ 12. Effet produit par les observations. Protestation.

12. Télémaque répondit en soupirant : Que les dieux me fassent périr plutôt que de souffrir que la mollesse et la volupté s'emparent de mon cœur ! Non, non, le fils d'Ulysse ne sera jamais vaincu par les charmes d'une vie lâche et efféminée. Mais quelle faveur du ciel nous fait trouver, après notre naufrage, cette déesse ou cette mortelle qui nous comble de biens ?

§ 13. Conseils.

13. Craignez, repartit Mentor, qu'elle ne vous accable de maux ; craignez ses trompeuses douceurs plus que les écueils qui ont brisé votre navire : le naufrage et la mort sont moins funestes que les plaisirs qui attaquent la vertu. Gardez-vous bien de croire ce qu'elle vous racontera. La jeunesse est présomptueuse, elle se promet tout d'elle-même : quoique fragile, elle croit pouvoir tout et n'avoir jamais rien à craindre ; elle se confie légèrement et sans précaution. Gardez-vous d'écouter les paroles douces et flatteuses de Calypso, qui se glisseront comme un serpent sous les fleurs : craignez ce poison caché ; défiez-vous de vous-même, et attendez toujours mes conseils.

On peut remarquer que Mentor indique ici à Télémaque :

1º Ce qu'il doit craindre ;
2º Ce qu'il doit éviter ;
3º Ce qu'il doit faire.

26e SUJET. *Accueil fait à l'enfant prodigue.*

Matière.

Liv. 1, § 9. Amaléel (père de l'enfant prodigue) ayant donné à son fils des marques de la plus tendre affection, lui dit : repose toi... — appartement où les serviteurs avaient préparé un bain et des essences.

§ 10. Misaël (l'enfant prodigue) prend plaisir à considérer la robe, les riches brodequins.....

§ 11. Une voix intérieure lui adresse des reproches, ces pensées ne doivent pas occuper son cœur, il doit dédommager son père de ses longs chagrins, se rendre digne du pardon.....

Synthèse du 26e sujet.

§ 9. Amaléel ayant donné à son fils des marques de la plus tendre affection lui dit : Repose-toi, mon enfant, tes habits sont en lambeaux, il est temps que tu en changes ; ensuite nous nous reverrons et tu me raconteras tes malheurs passés. En même temps il le fit entrer dans un des meilleurs appartements de la maison. Les serviteurs avaient eu soin d'y préparer un bain réparateur, et des essences dont la bonne odeur se répandait de tous côtés. Ils y avaient laissé les habits destinés à leur jeune maître.

§ 10. Misaël voyant que son père lui avait fait donner une robe d'une étoffe précieuse dont la beauté était remarquable, et de riches brodequins ornés d'or et de pourpre, prit le plaisir qui lui était autrefois naturel en considérant cette magnificence.

§ 11. Mais une voix intérieure lui fit tout à coup ce reproche : sont-ce là, ô Misaël, les pensées qui

doivent maintenant occuper ton cœur ? songe plutôt à dédommager ton père de ses longs chagrins et
à te rendre digne du pardon qu'il veut bien t'accor-
-der. Un jeune homme qui, dans la position où tu
te trouves, s'occupe de vaines parures, est indigne
des bontés et des faveurs dont tu jouis : l'oubli des
torts n'est dû qu'à un cœur qui aime à les réparer.

27ᵉ SUJET. *Narbal veut sauver la vie de Télémaque
par un mensonge. — Reproches de Télémaque.*

Matière.

Narbal en montrant à Télémaque la ville de Tyr,
apprend que Pygmalion veut faire arrêter ce jeune
homme, et il cherche à le sauver par un mensonge.
Reproches de Télémaque à Narbal : on doit parler
selon sa conscience pour mériter la protection des
dieux. Réponse de Narbal : il ne cessera jamais de
préférer la vertu sans tache à une longue vie ; mais....
réplique de Télémaque (Voir les faits liv. III, § 32,
33, 34, 35).

Synthèse du 27ᵉ sujet.

§ 10. Narbal craignant la mort qui le mena-
çait pour avoir conduit Télémaque à Tyr avec les
Cypriens, prit la résolution de sauver sa vie et celle
de ce jeune homme par un mensonge.

§ 11. Télémaque lui dit d'un ton pénétré : Ne serait-ce point là, ô Narbal, une action indigne de
vous ? parlez plutôt selon votre conscience et mé-
prisez la mort qui nous menace. Un homme qui veut
sauver sa vie par un mensonge est indigne de la protection des dieux. Cette protection n'est due qu'à un
cœur assez généreux pour fouler aux pieds la vie,
dès qu'il ne peut la conserver qu'au détriment de la
vérité.

§ 12. Narbal répondit : Que les dieux me fassent
périr, si le respect que j'ai pour eux doit un jour

s'affaiblir, dans mon cœur. Non, non, Narbal ne cessera jamais de préférer la vertu sans tache à une longue vie ; mais, est-ce blesser la vertu que d'ôter à Pygmalion l'occasion d'exercer son odieuse tyrannie ? Craignons, répartit Télémaque, que ce mensonge ne nous aliène la faveur du ciel ; mourons plutôt victimes de la vérité, gardons-nous d'écouter les insinuations de la frayeur, qui se glissent si facilement dans le cœur, et n'attendons jamais le bonheur que de la vertu.

28e SUJET. Exhortation à un élève.

Matière.

M*** ayant exposé les avantages de l'instruction, exhorte son élève à refaire son éducation qui a été négligée ; il lui en indique les moyens. Il l'introduit dans sa bibliothèque ; mais l'élève, au lieu d'y choisir un ouvrage instructif, prend un roman. Le professeur s'en aperçoit et réprimande le jeune homme, qui s'excuse. — Le professeur lui expose ensuite les dangers de la présomption.

Synthèse du 28e sujet.

§ 9. M*** ayant exposé à son nouvel élève tous les avantages qui résultent de l'instruction lui dit : Mettez-vous sérieusement au travail : votre éducation a été négligée ; il faut d'abord tâcher de vous corriger des locutions vicieuses dont certaines lectures mal choisies vous ont fait contracter l'habitude ; ensuite, vous vous attacherez à polir votre langage en imitant les bons écrivains, et vous obtiendrez, par cet exercice, des résultats dont vous serez étonné. En même temps, il l'introduisit avec complaisance dans sa bibliothèque, qui se composait de tout ce que la littérature a produit de mieux ; ce bon professeur avait eu soin d'y mettre en évidence tous les ouvrages les plus propres à former le goût de son élève, et à l'initier dans la connaissance des belles-lettres; mais il y avait laissé par mégarde quelques romans....

§ 10. Jules, au lieu de prendre les bons livres qui lui étaient destinés, se saisit d'un roman dont la reliure élégante fixa d'abord son attention, et prit le plaisir qui n'est que trop naturel à un jeune homme, en lisant ces fictions brillantes, mais futiles.

§ 11. M*** s'en étant aperçu, lui dit d'un ton grave : Sont-ce là, mon ami, les lectures qui doivent occuper le temps si précieux des études? Songez au but que vous vous proposez et aux difficultés qu'il faudra vaincre pour l'atteindre. » Un jeune homme qui s'occupe de ces créations frivoles, ne peut espérer des succès littéraires. Ces succès ne s'obtiennent que par un travail constant et bien dirigé.

§ 12. Jules répondit en rougissant : Que je perde mes titres à votre bienveillance, si jamais je m'écarte de vos sages avis ; non, jamais votre élève ne se laissera entraîner par les charmes d'une lecture séduisante mais dangereuse; quelle faveur du ciel m'a fait trouver en vous, après tant d'études arides, un maître ou plutôt un ami, dont les savantes leçons me permettent d'espérer quelques succès dans la carrière que j'embrasse avec tant d'ardeur.

§ 13. Craignez, repartit le professeur, les excès même de cette ardeur; craignez la trompeuse séduction des premiers succès : l'ignorance même est moins à craindre que la présomption qui naît souvent d'un demi-savoir. Prenez garde de vous croire trop tôt capable de vous passer de guide. La jeunesse est vaniteuse, elle aime à s'exagérer son mérite; quoique ignorante, elle croit aisément savoir beaucoup et n'ignorer rien; elle se prononce légèrement et sans examen. Gardez-vous de céder trop tôt au désir de vous faire applaudir de vos amis, dont l'indulgence pourrait vous nuire; craignez les éloges trompeurs, défiez-vous de vous-même et suivez toujours les conseils de votre ami.

THÈME.

Liv. Ier, §§ 14, 15. *Banquet: Description.*

14. Ensuite, ils retournèrent auprès de Calypso qui les attendait. Les nymphes avec leurs cheveux tressés et des habits blancs servirent d'abord un repas simple, mais exquis pour le goût et pour la propreté. On n'y voyait aucune autre viande que celle des oiseaux qu'elles avaient pris dans des filets, ou des bêtes qu'elles avaient percées de leurs flèches à la chasse : un vin plus doux que le nectar, coulait de grands vases d'argent dans des tasses d'or couronnées de fleurs. On apporta dans des corbeilles tous les fruits que le printemps promet, et que l'automne répand sur la terre. En même temps, quatre jeunes nymphes se mirent à chanter. D'abord elles chantèrent le combat des dieux contre les géants, puis la naissance de Bacchus et son éducation conduite par le vieux Silène ; la course d'Hyppomène et d'Atalante, qui fut vaincue par le moyen des pommes d'or cueillies au jardin des Hespérides ; enfin, la guerre de Troie fu aussi chantée ; les combats d'Ulysse et sa sagesse furent élevés jusqu'aux cieux. La première des nymphes, qui s'appelait Leucothoé, joignit les accords de sa lyre aux douces voix de toutes les autres.

15. Quand Télémaque entendit le nom de son père, les larmes qui coulèrent le long de ses joues donnèrent un nouveau lustre à sa beauté. Mais comme Calypso aperçut qu'il ne pouvait manger et qu'il était saisi de douleur, elle fit signe aux nymphes. A l'instant on chanta le combat des Centaures avec les Lapithes, et la descente d'Orphée aux enfers pour en retirer sa chère Eurydice.

Le cadre de ce morceau est :

Les nymphes servirent un repas (*nom de la chose à décrire*)... On n'y voyait (*énumération*)... un vin coulait... on apporta... En même temps, quatre jeunes nymphes se mirent à chanter ; d'abord, elles chantèrent le combat... puis la naissance... Enfin, la guerre de Troie... — La première des nymphes joignit...

Quand Télémaque entendit... larmes... mais comme Calypso aperçut... elle fit signe... à l'instant on chanta...

Le plan de cette composition peut se réduire aux points suivants :

1° Les personnes qui servent. — Les nymphes avec leurs cheveux tressés et des habits blancs, servirent..., etc.;

2° Les mets. — On n'y voyait aucune autre viande que celle des oiseaux... ou des bêtes... un vin;

3° Les chants. — Quatre jeunes nymphes se mirent à chanter d'abord, elles chantèrent le combat des dieux..., etc.;

4° Les sentiments des principaux personnages. — Calypso les attendait, Télémaque est saisi de douleur en entendant le nom de son père.

L'observation que nous avons faite en comparant la description des *Champs-Elysées* à celle de la *grotte de Calypso* peut s'appliquer ici tout entière. Dans la composition du repas offert par Adoam à Télémaque, livre huitième, comme dans celui qui précède, Fénelon fait mention des personnes qui servent, des mets, des chants et des sentiments qui animent les principaux personnages.

29° SUJET. *Repas des bergers. Narration.*

Matière.

§ 14. Après le sacrifice, réunion à l'ombre d'un bocage. Bergères en habits de fête. Repas. Ce qu'on y servait (agneaux, bêtes fauves, lait, fruits (liv. ii, § 35). Chants : les combats des bergers; Apollon, son exil; enfin, les louanges de Télémaque. Flûte des bergers.

Synthèse du 29e sujet.

Liv. 1er, § 14. Après le sacrifice, les bergers se réunissaient à l'ombre d'un frais bocage. Les bergères, avec des couronnes de fleurs et leurs habits de fête, servaient un repas champêtre, où régnaient la décence et la joie. On n'y voyait aucune autre viande que celle des tendres agneaux qu'ils tiraient de leurs bergeries, ou des bêtes fauves qu'ils surprenaient en gardant les troupeaux. Un lait plus doux que le nectar coulait de grands vases de terre, dans des coupes de bois ciselées par les bergers. On apportait, sur la fin du repas, les fruits que ces contrées produisent et que leurs vergers leur fournissaient en abondance. Ensuite, quelques bergères chantaient les combats des bergers contre les bêtes farouches, puis les douceurs de l'amitié, les bienfaits d'Apollon, son exil du ciel, et les occupations de sa vie pastorale. Enfin, les louanges de Télémaque étaient aussi chantées; les agréments de la campagne et les beautés du printemps étaient célébrées avec enthousiasme. Les bergers que Télémaque avait rendus sensibles aux charmes de l'harmonie, joignaient les sons de leurs flûtes aux voix douces et naïves des bergères.

30ᵉ SUJET. *Le vieux guerrier. Narration.*

Matière.

Liv. 1ᵉʳ, § 14. Un vieux soldat aveugle, conduit par son petit-fils, cherche un asile. On les accueille avec un intérêt que le récit de ses exploits vient accroître. Portrait : barbe, cicatrices ; il raconte les grands événements dont il a été spectateur : la France, soutenant une lutte contre l'Europe coalisée, le génie de Napoléon, la glorieuse campagne d'Austerlitz ; enfin, toute la vie du grand homme.

§ 15. Quand il parle de Sainte-Hélène les larmes... A l'instant on apporte un vin généreux.....

Synthèse du 30ᵉ sujet.

§ 14. Un vieux soldat aveugle, conduit par son petit-fils, avait vainement cherché un asile. — Enfin, il arriva sur le soir d'une triste journée, à une maison charitable où on les accueillit. Le vieillard avec ses

habits en lambeaux et ses yeux fermés à la lumière,
excita bientôt un intérêt que le récit de ses exploits
vint accroître. On sentait en lui une âme plus élevée
que celle des malheureux qui implorent la pitié publique, et que son aspect misérable pouvait faire sup-
poser. Une barbe aussi blanche que la neige tombait
sur sa poitrine demi-nue. On remarquait sur son
visage les cicatrices des blessures qu'il avait reçues et
que le temps n'avait pu entièrement effacer. Bientôt, les enfants le prièrent de raconter les grands
événements dont il avait été spectateur. D'abord il
parla de la France soutenant une lutte contre l'Europe coalisée; puis du génie de Napoléon et des travaux exécutés par lui; de la glorieuse campagne
d'Austerlitz où la bravoure l'emporta sur le nombre.
Enfin, toute la vie du grand homme fut racontée : son
âme magnanime et ses lois immortelles furent élevées
jusqu'aux cieux. L'enfant qui accompagnait le vieillard, seul ami qui lui restât, paraissait plein d'émotion à la voix tremblante du guerrier.

§ 15. Quand il parla de Waterloo et de *Sainte-
Hélène*, les larmes qui coulèrent le long de ses joues
ridées donnèrent un nouveau charme à ses récits;
mais comme son hôte aperçut qu'il ne pouvait plus
parler et qu'il était suffoqué de douleur, il fit signe
aux serviteurs. A l'instant on apporta un vin généreux avec une profonde coupe, et une pleine rasade
versée au vieillard lui procura bientôt un sommeil
paisible.

31° SUJET. *Soirée offerte aux Osages. Narration.*

Matière.

Liv. 1ᵉʳ, § 14. Le comte de Beauval réunit une société nombreuse. On introduit les Osages. Jeunes
filles vêtues à la manière des femmes osages; paysage,
végétaux qui croissent sur les bords de l'Orénoque...

fontaine ; fruits apportés sur des feuilles de dattier. Chants : là découverte de l'Amérique ; la captivité de Montézuma ; la conduite du vertueux Las-Cases. Genre de vie des Osages ; leurs mœurs.

§ 15. Quand les Osages entendirent le nom de leur pays, larmes... A l'instant on chanta les agréments des voyages... la capitale de la France.

Synthèse du 31e sujet.

§ 14. Le comte de Beauval ayant réuni chez lui une nombreuse société, on introduisit les Osages dans le salon préparé pour les recevoir. Des jeunes filles avec leurs cheveux tressés et vêtues à la manière des femmes osages, étaient assises au milieu d'un paysage simple, mais frappant par son caractère local. On n'y voyait aucune autre plante que celles qui croissent sur les bords de l'Orénoque, ou dans les forêts de l'Amérique; une eau aussi pure et aussi claire que le cristal, semblait couler d'une fontaine dans des prairies émaillées de fleurs. On apporta sur des feuilles de dattier tous les fruits que ces contrées produisent. En même temps quatre jeunes garçons se mirent à chanter : d'abord ils chantèrent la découverte de l'Amérique par Christophe Colomb, puis la captivité de Montézuma et sa mort ordonnée par le cruel Pizarre ; la conduite du vertueux Las-Cases, qui adoucit les malheurs des Indiens par ses bontés et ses conseils. Enfin le genre de vie des Osages fut aussi chanté ; la douceur de leurs mœurs et le bonheur dont ils jouissent dans leur patrie furent dépeints sous les couleurs les plus séduisantes.

§ 15. Quand les Osages entendirent le nom de leur pays, les larmes qui coulèrent le long de leurs joues ajoutèrent à l'intérêt qu'ils inspiraient ; mais comme le comte aperçut qu'ils ne pouvaient lever les yeux et qu'ils étaient saisis de douleur, il fit signe aux chanteurs. A l'instant on chanta les agréments des voyages et les plaisirs de toute espèce que présente aux étrangers la capitale de la France.

32ᵉ SUJET. *Repas rustique.*

Matière.

Liv. 1ᵉʳ, § 14. Un repas abondant pris d'un bon appétit : des mets peu recherchés, mais succulents ; du bœuf, du porc, de la volaille, de la bière, des fruits. De jeunes villageoises, cédant à l'invitation des convives, font entendre leurs voix. D'abord elles chantent le départ du pauvre conscrit, son retour, ses exploits ; puis les batailles, la guerre et les revers de Napoléon : le ménétrier accompagne.

§ 15. Le fermier, ancien militaire, est affecté en entendant les mots de Waterloo et de Sainte-Hélène. A un signe de la fermière, on chante le retour en France des restes de l'empereur.

Synthèse du 32ᵉ sujet.

Nous arrivâmes à la ferme où l'on n'attendait plus que nous pour servir le dîner. Aussitôt les domestiques, avec leurs habits des dimanches, se hâtèrent de servir un repas rustique, mais attrayant par la propreté, par l'abondance et surtout par l'excellent appétit des convives. On n'y voyait aucun de ces mets recherchés qui flattent le palais délicat des citadins ; mais en revanche le bœuf, le porc frais et les volailles y figuraient avec profusion. Une bière vieille et pétillante coulait à grands flots d'énormes pots d'étain dans de grands gobelets de verre. On apporta dans des corbeilles des fruits fraîchement cueillis. En même temps plusieurs villageoises, cédant à nos instances, se mirent à chanter. D'abord elles chantèrent le départ du jeune conscrit qui, les larmes aux yeux et le chagrin dans le cœur, quitte le toit paternel ; puis le bonheur de son retour et ses vaillants faits d'armes ; les célèbres batailles , la gloire et les revers du grand empereur furent aussi chantés. Le ménétrier qui était de la fête, joignit les accords de son instrument aux voix peu exercées des jeunes filles.

§ 15. Quand le fermier , vieux brave de la garde impériale , entendit les noms funestes de Waterloo et de Sainte-Hélène , les larmes qui brillèrent dans ses yeux donnèrent à sa physionomie martiale une expression de sensibilité touchante ; mais comme la fermière aperçut que ces souvenirs lui étaient pénibles , elle fit signe aux jeunes filles. A l'instant elles chantèrent le retour en France des restes du héros, et la patrie reconnaissante, élevant enfin à Napoléon un mausolée digne de sa gloire immortelle.

THÈME.
Liv. 1ᵉʳ, § 16 et 17. *Discours, récit.*

Exposé des faveurs dont l'auditeur est l'objet : souvenir d'événements passés , évoqués dans le but de faire goûter ces faveurs ; avertissements suivis de menaces indirectes.

16. Quand le repas fut fini, la déesse prit Télémaque et lui parla ainsi : Vous voyez, fils du grand Ulysse, avec quelle faveur je vous reçois ! Je suis immortelle ; nul mortel ne peut entrer dans cette île sans être puni de sa témérité, et votre naufrage même ne vous garantirait pas de mon indignation, si d'ailleurs je ne vous aimais. Votre père a eu le même bonheur que vous ; mais, hélas ! il n'a pas su en profiter. Je l'ai gardé longtemps dans cette île : il n'a tenu qu'à lui d'y vivre avec moi dans un état immortel ; mais l'aveugle passion de retourner dans sa misérable patrie lui fit rejeter tous ces avantages. Vous voyez tout ce qu'il a perdu pour Ithaque, qu'il ne reverra jamais. Il voulut me quitter, il partit, et je fus vengée par la tempête : son vaisseau, après avoir été longtemps le jouet des vents, fut enseveli dans les ondes. Profitez d'un si triste exemple : après son naufrage, vous n'avez plus rien à espérer, ni pour le revoir, ni pour régner jamais dans l'île d'Ithaque après lui : consolez-vous donc de l'avoir perdu, puisque vous trouvez une divinité

prête à vous rendre heureux, et un royaume qu'elle vous offre.

17. La déesse ajouta à ces paroles de longs discours pour montrer combien Ulysse avait été heureux auprès d'elle : elle raconta ses aventures dans la caverne du cyclope Polyphème, et chez Antiphate, roi des Lestrigons ; elle n'oublia pas ce qui lui était arrivé dans l'île de Circé, fille du soleil, ni les dangers qu'il avait courus entre Scylla et Charybde. Elle représenta la dernière tempête que Neptune avait excitée contre lui, quand il partit d'auprès d'elle. Elle voulut faire entendre qu'il était péri dans ce naufrage, et elle supprima son arrivée dans l'île des Phéaciens.

On pourrait retrouver dans ce discours, comme dans la prière de Télémaque, § 4 :

1° Une invocation accompagnée de louanges : fils du grand Ulyse ;

2° Le sentiment : Si d'ailleurs je ne vous aimais ;

3° Les motifs : Vous voyez tout ce qu'il a perdu..., profitez...;

4° Le but : Consolez-vous...! Un royaume qu'elle vous offre.

§ 18. Illusion dissipée ; vérité aperçue; passage à un sentiment opposé à celui qu'on éprouvait, mais dissimulation de ce nouveau sentiment.

18. Télémaque, qui s'était d'abord abandonné trop promptement à la joie d'être si bien traité de Calypso, reconnut enfin son artifice et la sagesse des conseils que Mentor venait de lui donner. Il répondit en peu de mots : O déesse ! pardonnez à ma douleur ; je ne puis maintenant que m'affliger ; peut-être que dans la suite j'aurai plus de force pour goûter la fortune que vous m'offrez : laissez-moi en ce moment pleurer mon père ; vous savez mieux que moi combien il mérite d'être pleuré.

33ᵉ SUJET. *Le grand-prêtre Joad à Joas.*

Matière.

§ 16. Après le couronnement de Joas, le grand-prêtre lui représenta l'enthousiasme du peuple et la faveur divine. Son aïeul Joram fut puni pour s'é-

tre rendu indigne de cette faveur. Athalie lui fit oublier les plus saintes lois... ; mais Dieu s'en vengea
en détruisant sa famille. Le grand-prêtre exhorte
Joas à profiter de ce triste exemple et à bien régner.

§ 17. Il lui rappelle à cette occasion le déplorable
sort qu'éprouvèrent divers rois impies : Saül... Salomon... ; il lui parle aussi des peuples ingrat s (les
juifs traînés en captivité), lui faisant entendre que si
Dieu récompense les bons, il sait aussi punir les ingrats.

§ 18. Joas, d'abord surpris de voir le grand-prêtre
à ses pieds, lui répond avec docilité, le priant de lui
continuer toujours ses soins paternels.

Synthèse du 33e sujet.

Quand le couronnement fut terminé, le grand-
prêtre parla ainsi à Joas : Vous voyez, héritier des
rois de Juda, avec quel enthousiasme le peuple se
prononce en votre faveur. Dieu peut tout ; sans sa
protection, l'homme ne peut rien, et votre naissance
même ne vous conserverait pas ce trône où vous rappelle votre piété, si d'ailleurs il n'avait de grands
desseins sur vous. Votre aïeul Joram a joui quelque
temps de la faveur divine, mais hélas ! il abandonna
le culte de ses pères. Je l'ai souvent averti de son
ingratitude, il pouvait se séparer de ces étrangers
impies ; mais son aveugle passion pour Athalie, lui fit
oublier les plus saintes lois. Vous voyez les maux
qu'il a attirés sur sa famille, jusque aujourd'hui exclue
du trône ; il persista dans son impénitence et il mourut misérablement. Dieu fit paraître son éclatante
justice. Ochosias, son fils, après avoir été longtemps
l'instrument de l'impie Athalie, mourut, et sa famille fut massacrée. N'oubliez pas cette terrible leçon : après votre conservation miraculeuse, recon-
naissez que c'est à Dieu seul que vous devez la vie
et le trône ; consacrez donc votre vie au bonheur de

votre peuple, puisque vous trouvez tous les cœurs disposés à vous aimer, et que vous voyez la main du Tout-Puissant prête à vous défendre.

§ 17. Le grand-prêtre ajouta à ce discours le récit des malheurs qui sont venus fondre sur tous les rois impies et prévaricateurs. Il lui rappela Saül, élu de Dieu et rejeté à cause de ses crimes et de son alliance avec les étrangers; Salomon, doué de la sagesse, et puni dans son fils Roboam, des faiblesses qui ont déshonoré son règne; il n'oublia pas la captivité des juifs et les victoires des Philistins, et prouva ainsi que si Dieu se montre le rémunérateur de la vertu et de la piété, il est aussi le vengeur inexorable du crime et de l'oubli de son culte. Il voulait lui faire entendre que tel serait son sort s'il oubliait un jour qu'il devait tout à Dieu.

§ 18. Joas qui d'abord était resté surpris de voir le grand-prêtre à ses pieds, sentit, quoique jeune, toute l'importance de ses devoirs; il répondit en peu de mots : O mon père, pardonnez à mon émotion ; maintenant, je ne puis que me laisser guider par vos conseils; formé par vous, peut-être pourrai-je porter dignement la couronne. Daignez me continuer vos soins paternels ; vous savez mieux que moi combien il est difficile de régner.

34e SUJET. *Reproches du prophète Nathan à David.*

Matière.

Liv. 1er, § 16. Dieu envoie le prophète Nathan pour représenter à David l'ingratitude de sa conduite en s'adonnant au désordre. Le prophète cite l'exemple du roi Saül qui, comme David, avait été élevé sur le trône, et qui en était tombé pour avoir été rebelle aux lois de Dieu.

§ 17. Le prophète rappelle à David les bienfaits de Dieu. Dieu l'avait tiré d'une position obscure pour lui confier le gouvernement de son peuple ; il lui avait donné la victoire sur ses ennemis, et l'avait surtout protégé dans la dernière guerre contre les Ammonites.

§ 18. David pleure son péché et en demande pardon à Dieu.

Synthèse du 34ᵉ sujet.

§ 16. Quand David, oubliant la loi du Seigneur, se fut adonné au désordre, le prophète Nathan l'alla trouver et lui parla ainsi : Je vois avec douleur, ô roi, l'ingratitude de votre conduite envers Dieu. Vous oubliez qu'il est tout puissant et que nul mortel ne peut l'offenser sans encourir sa colère ; l'élévation même de votre trône ne vous en garantirait pas si sa miséricorde pour son peuple n'était infinie. Saül a été, comme vous, comblé de ses faveurs; mais hélas ! il n'a pas su les mériter. Il avait été placé à la tête du royaume d'Israël, il ne tenait qu'à lui de régner longtemps et de transmettre sa couronne à une longue postérité ; mais sa désobéissance lui fit perdre tous ces avantages : il fut infidèle à la voix de Dieu, et ses malheurs ne tardèrent point à s'accumuler; après avoir été vaincu par ses ennemis, il trouva dans le combat une fin déplorable. Profitez d'un si triste exemple. Après votre crime il vous reste encore de l'espoir : faites pénitence, puisque vous trouvez un Dieu prêt à vous pardonner et à vous combler de nouvelles faveurs.

§ 17. Le prophète ajouta d'autres paroles pour montrer au roi de quels bienfaits il avait été comblé : il lui rappela sa naissance, la gloire de son élévation; il représenta les victoires que Dieu lui avait accordées sur ses ennemis, et surtout dans la dernière guerre contre les descendants d'Ammon.

§ 18. David qui, après une vie innocente, s'était tout à coup abandonné au vice, reconnut bientôt son erreur et la sagesse des paroles que Nathan venait de lui faire entendre. Il répondit en peu de mots : O prophète! j'ai péché, je ne puis que m'affliger; laissez-moi pleurer mon crime. Mon infidélité est grande et je ne saurais montrer un repentir assez profond.

THÊME.

§ 19. Paraître partager un sentiment pour arriver à l'atténuer, le calmer.

19. Calypso n'osa d'abord le presser davantage; elle feignit même d'entrer dans sa douleur, et de s'attendrir pour Ulysse. Mais pour mieux connaître les moyens de toucher le cœur du jeune homme, elle lui demanda comment il avait fait naufrage, et par quelles aventures il était sur ces côtes. Le récit de mes malheurs, dit-il, serait trop long. Non, non, répondit-elle; il me tarde de les savoir : hâtez-vous de me les raconter. Elle le pressa longtemps; enfin, il ne put lui résister, et il parla ainsi :

35e SUJET. *Athalie à Joas.*

Matière.

Athalie dissimule : au lieu de s'irriter contre Joas, elle lui parle avec douceur, l'engage à venir dans son palais. Curieuse de connaître sa destinée, elle l'interroge sur sa naissance, ses plaisirs, etc. (Voir la tragédie d'Athalie, acte II, scène VII).

Synthèse du 35e sujet.

Athalie n'osa d'abord s'irriter des réponses naïves de Joas; elle l'engagea même à venir dans son palais et à lui tenir lieu de fils. Mais pour mieux connaître la destinée de cet enfant, elle lui demanda quelle était sa naissance et comment il se trouvait dans le temple. Je n'ai point, dit-il, connu mes parents. — Mais quel est, reprit-elle, votre emploi dans le temple, et quels sont vos plaisirs? Elle le pressa longtemps, enfin il ne put lui résister et il parla ainsi :

J'adore le Seigneur, on m'explique sa loi;
Dans son livre divin on m'apprend à la lire,
Et déjà de ma main je commence à l'écrire.
.... Quelquefois à l'autel
Je présente au grand-prêtre ou l'encens ou le sel;
J'entends chanter de Dieu les grandeurs infinies;
Je vois l'ordre pompeux de ses cérémonies.

(RACINE, Athalie.)

THÊME.

Liv. 1er, § 20. *Départ de Télémaque. — Narration.*
Entreprise louable mais téméraire, formée malgré
de sages représentations.

20. J'étais parti d'Ithaque pour aller demander aux autres
rois revenus du siége de Troie, des nouvelles de mon père.
Les amants de ma mère Pénélope furent surpris de mon départ : j'avais pris soin de le leur cacher, connaissant leur
perfidie. Nestor, que je vis à Pylos, ni Ménélas, qui me
reçut avec amitié dans Lacédémone, ne purent m'apprendre
si mon père était encore en vie. Lassé de vivre toujours en
suspens et dans l'incertitude, je me résolus d'aller dans la
Sicile, où j'avais ouï dire que mon père avait été jeté par
les vents. Mais le sage Mentor, que vous voyez ici présent,
s'opposait à ce téméraire dessein : il me représentait d'un
côté les Cyclopes, géants monstrueux qui dévorent les
hommes ; de l'autre, la flotte d'Énée et les Troyens qui
étaient sur ces côtes. Ces Troyens, disait-il, sont animés
contre tous les Grecs ; mais surtout ils répandraient avec
plaisir le sang du fils d'Ulysse. Retournez, continuait-il, en
Ithaque ; peut-être que votre père, aimé des dieux, y sera
aussitôt que vous. Mais si les dieux ont résolu sa perte, s'il
ne doit jamais revoir sa patrie, du moins il faut que vous
alliez le venger, délivrer votre mère, montrer votre sagesse
à tous les peuples, et faire voir en vous, à toute la Grèce,
un roi aussi digne de régner que le fut jamais Ulysse lui-
même.

On remarque dans cette narration:
1° Le but de l'entreprise;
2° Les précautions prises;
3° Les motifs pour la continuer;
4° Les représentations pour en détourner.

36ᵉ SUJET. *Un élève à son condisciple* (fragment de lettre).

Matière.

Né de parents riches, Édouard aurait désiré s'instruire; mais ni son père, qui était souvent absent, ni son oncle, dont la santé était débile, n'avaient pu s'occuper de lui. La mère d'Édouard aurait désiré l'envoyer à Paris, mais son oncle craignant non-seulement l'isolement où se se serait trouvé cet enfant, mais encore les dangers qu'il aurait pu courir dans cette grande ville, où il y a des écueils pour tous les âges, engagea la mère à ajourner l'exécution de son projet.

Synthèse du 36ᵉ sujet.

.... J'étais né de parents assez riches pour pouvoir jouir un jour des avantages d'une bonne éducation. Mon désir d'acquérir de l'instruction fut toujours grand; je le manifestais souvent à ma mère craignant de voir passer infructueusement l'âge des études. Mais ni mon père, que des occupations importantes forçaient souvent de s'éloigner de sa famille, ni mon oncle, qui habitait avec nous, mais dont la santé était débile et chancelante, ne pouvaient guère s'occuper de moi. Peinée de me voir grandir sans que j'eusse les premières notions des sciences, ma mère avait résolu de m'envoyer à Paris où elle avait ouï dire que se trouvent les meilleures institutions. Mais mon oncle, dont elle aimait à prendre les conseils, s'opposait à ce dessein. Il lui représentait d'un côté l'isolement où j'allais me trouver, dans un âge encore si tendre; de l'autre, les écueils si multipliés auxquels mon innocence serait exposée. Ces écueils, disait-il, sont à craindre pour tous les âges; mais surtout ils sont dangereux et presque inévitables pour la jeunesse. Conservez-nous, continua-t-il, notre jeune ami, pour quelque temps encore ; peut-être que son père pourra bientôt revenir parmi nous ; mais si le soin de votre fortune le tient encore longtemps éloigné, s'il ne peut venir lui-même présider à l'éducation de son fils, du moins il faut que nous soignions le bonheur d'Edouard, que nous lui conservions son innocence, que nous écartions le vice loin de son cœur, et que nous fassions de lui un homme aussi vertueux que son père. . . .

THÊME.

Liv. I, XXI, XXII.

21. *Ces paroles étaient salutaires ; mais je n'étais pas assez prudent pour les écouter : je n'écoutai que ma passion. Le sage Mentor m'aima jusqu'à me suivre dans un voyage téméraire que j'entreprenais contre ses conseils, et les dieux permirent que je fisse une faute qui devait servir à me corriger de ma présomption.*

22. Pendant que Télémaque parlait, Calypso regardait Mentor. Elle était étonnée ; elle croyait sentir en lui quelque chose de divin ; mais elle ne pouvait démêler ses pensées confuses. Ainsi elle demeurait pleine de crainte et de défiance à la vue de cet inconnu. Alors elle appréhenda de laisser voir son trouble. Continuez, dit-elle à Télémaque, et satisfaites ma curiosité. Télémaque reprit ainsi :

37ᵉ SUJET. Fragment de l'histoire de Joseph.

Matière.

§ 22. Joseph examinait ses frères, pendant que Judas lui parlait. Il ne pouvait comprendre l'émotion qu'il éprouvait. Craignant de laisser voir son trouble à ces étrangers, qui ne lui paraissaient pas inconnus, il dit à Judas de se hâter de lui expliquer le motif de leur voyage en Egypte.

Synthèse du 37ᵉ sujet.

Pendant que Judas parlait, Joseph l'examinait lui et ses frères. Il était tout ému : il se sentait attiré vers eux par un penchant irrésistible ; mais il ne pouvait s'expliquer à lui-même la cause de ses sentiments. Ainsi il demeurait plein d'incertitude et de trouble à la vue de ces hommes qui ne lui paraissaient pas inconnus. Alors craignant de laisser voir son émotion, continuez, dit-il à Judas, et hâtez-vous de m'expliquer les motifs de votre voyage en Egypte.

THÈME.

Liv. I, § 2.

23. Nous eûmes assez longtemps un vent favorable pour aller en Sicile ; mais ensuite une noire tempête déroba le ciel à nos yeux, et nous fûmes enveloppés dans une profonde nuit. A la lueur des éclairs, nous aperçûmes d'autres vaisseaux exposés au même péril, et nous reconnûmes bientôt que c'étaient les vaisseaux d'Énée : ils n'étaient pas moins à craindre pour nous que les rochers. Alors je compris, mais trop tard, ce que l'ardeur d'une jeunesse imprudente m'avait empêché de considérer attentivement. Mentor parut, dans ce danger, non-seulement ferme et intrépide, mais plus gai qu'à l'ordinaire : c'était lui qui m'encourageait ; je sentais qu'il m'inspirait une force invincible. Il donnait tranquillement tous les ordres pendant que le pilote était troublé. Je lui disais : Mon cher Mentor, pourquoi ai-je refusé de suivre vos conseils ! Ne suis-je pas malheureux d'avoir voulu me croire moi-même, dans un âge où l'on n'a ni prévoyance de l'avenir, ni expérience du passé, ni modération pour ménager le présent ! Oh ! si jamais nous échappons de cette tempête, je me défierai de moi-même comme de mon plus dangereux ennemi : c'est vous, Mentor, que je croirai toujours.

38e SUJET. *Débordement du Rhône.*

Matière.

A un temps favorable pour récolter les moissons succédèrent des pluies continuelles, qui causèrent le débordement du Rhône. Un village est entièrement submergé..... Les habitants d'un village voisin exposés au même danger, doivent au dévouement du maire un bateau qui les sauve.

Synthèse du 38e sujet.

§ 23. Nous eûmes d'abord un temps assez favorable pour récolter nos moissons; mais bientôt les pluies continuelles grossirent le Rhône à vue d'œil, et nous le vîmes déborder sur les campagnes. Au milieu de la plaine envahie par les eaux, nous aperçûmes un village presque entièrement submergé, et nous reconnûmes que c'était le village de ***. Nous n'avions pas moins à craindre que ses malheureux habitants. Alors nous découvrîmes, mais trop tard, que la digue qui nous protégeait venait de se rompre. Notre maire fut dans ce péril, non seulement ferme et dévoué, mais encore plus intrépide que les autres : ce fut lui qui nous procura un bateau ; nous n'eûmes pas assez d'expressions pour lui en témoigner notre reconnaissance. Nous nous précipitâmes effrayés dans cette frêle embarcation, tandis que notre courageux magistrat conservait un admirable sang-froid.

THÈME.

Liv. 1, § 24.

24. Mentor, en souriant, me répondit : Je n'ai garde de vous reprocher la faute que vous avez faite; il suffit que vous la sentiez, et qu'elle vous serve à être une autre fois plus modéré dans vos désirs. Mais quand le péril sera passé, la présomption reviendra peut-être; maintenant il faut se soutenir par le courage. Avant que de se jeter dans le péril, il faut le prévoir et le craindre ; mais quand on y est, il ne reste plus qu'à le mépriser. Soyez donc le digne fils d'Ulysse; montrez un cœur plus grand que tous les maux qui vous menacent.

39e SUJET. *Fragment de l'histoire de Joseph. Discours.*

Matière.

§ 24. Joseph ému du repentir de ses frères, les console, au lieu de leur faire des reproches. Il les exhorte à la pratique de la vertu, à se montrer les dignes fils de Jacob, et à mettre tout en œuvre pour faire oublier à leur père le chagrin qu'ils lui ont causé.

Synthèse du 39e sujet.

Joseph, les larmes aux yeux, répondit à ses frères: Je n'ai garde de vous reprocher une action qui vous a déjà coûté tant de larmes; il suffit que le souvenir vous en soit odieux, et qu'il vous serve à jamais de frein aux emportements de vos passions. Vous vivrez désormais dans la pratique de toutes les vertus. Maintenant n'allez pas vous abandonner au désespoir. Heureux celui qui sait prévoir et éviter le mal; mais quand il est fait, il ne reste plus qu'à s'en repentir, et surtout qu'à le réparer. Soyez donc des dignes enfants de Jacob; montrez pour notre père une tendrese qui lui fasse oublier les chagrins que vous lui avez causés.

THÈME.

Liv. I, § 25.

25. La douceur et le courage du sage Mentor me charmèrent; mais je fus encore bien plus surpris, quand je vis avec quelle adresse il nous délivra des Troyens. Dans le moment où le ciel commençait à s'éclaircir, et où les Troyens, nous voyant de près, n'auraient pas manqué de nous reconnaître, il remarqua un de leurs vaisseaux qui était presque semblable au nôtre, et que la tempête avait écarté. La poupe en était couronnée de certaines fleurs; il se hâta de mettre sur notre poupe des couronnes de fleurs semblables; il les attacha lui-même avec des bandelettes de la même couleur que celles des Troyens; il ordonna à tous nos rameurs de se baisser le plus qu'ils pourraient le long de leurs bancs, pour n'être point reconnus des enhemis. En cet état, nous passâmes au milieu de leur flotte. Ils poussèrent des cris de joie en nous voyant, comme en revoyant des compagnons qu'ils avaient crus perdus. Nous fûmes même contraints, par la violence de la mer, d'aller assez longtemps avec eux; enfin nous demeurâmes un peu derrière, et, pendant que les vents impétueux les poussaient vers l'Afrique, nous fîmes les derniers efforts pour aborder, à force de rames, sur la côte voisine de Sicile.

40ᵉ SUJET. *Retraite de 1813.*

Matière.

§ 25. Un détachement isolé courait risque d'être pris. Le capitaine qui le commandait ranima le courage de ses soldats par son sang-froid. Il fit attaquer des tirailleurs ennemis, les défit et ordonna à ses soldats d'endosser l'uniforme des vaincus, stratagème au moyen duquel ils traversèrent heureusement les lignes ennemies et finirent par rejoindre leur corps d'armée.

Synthèse du 40ᵉ sujet.

La sérénité de notre capitaine releva le moral de la troupe, mais notre courage fut entièrement ranimé quand nous vîmes avec quelle présence d'esprit il nous délivra des cosaques qui nous harcelaient sans cesse. A la pointe du jour, dans le moment où les nombreux corps ennemis, voyant de près la faiblesse de notre détachement, n'auraient pas manqué de tomber sur nous, il remarqua quelques tirailleurs russes séparés du gros de l'armée. Il nous ordonna de les attaquer, et bientôt nous les défîmes tous. Notre capitaine alors se hâta de se dépouiller de son uniforme et d'endosser celui d'un ennemi vaincu, il nous ordonna de l'imiter, ce que nous fîmes aussitôt. Ainsi métamorphosés, nous passâmes au milieu des bataillons ennemis, qui nous saluèrent par des houras, nous prenant pour des camarades. Nous fûmes même contraints, à cause du grand nombre de pelotons qui gardaient les défilés, de les suivre assez longtemps; mais enfin nous nous en éloignâmes dans le but apparent de faire une reconnaissance, et pendant que le désir de nous surprendre les poussait en avant, nous parvînmes, à force de marches et de stratagèmes, à rejoindre notre corps d'armée.

40e sujet (*bis*). *Martin Lubomirski* (liv. 1, § 25).

NOTE. En 1768, les Polonais, enfermés dans la ville de Cracovie, dont les Russes faisaient le siége, étant réduits à la dernière extrémité par la famine et les maladies, Martin Lubomirski, leur chef, hasarda une sortie, et se fit jour à travers l'ennemi.

Synthèse du 40e sujet (bis).

Fragment de lettre.

...... La valeur et le sang-froid du brave Lubomirski nous rassurèrent; mais nous l'admirâmes bien plus quand nous vîmes avec quelle adresse il nous délivra des Russes. Lorsque déjà la famine commençait à éclaircir nos rangs, et que les Russes, nous cernant de près, ne pouvaient manquer de s'emparer de Cracovie, il remarqua un poste ennemi qui était peu nombreux et qui gardait un passage important. La plupart des soldats se reposaient désarmés. Lubomirski se hâta alors d'ordonner à sa troupe d'endosser des uniformes russes; il en mit un lui-même, avec les insignes qui distinguent les officiers de cette nation; il nous ordonna de nous cacher le plus que nous pourrions le long des palissades intérieures, pour ne pas donner l'éveil aux ennemis : par ce moyen nous arrivâmes jusqu'aux Russes sans être reconnus. Ils s'aperçurent, trop tard pour se défendre, que nous n'étions pas le détachement qu'ils attendaient. Nous fûmes cependant contraints, par l'arrivée d'un autre détachement russe, de nous battre un instant avec celui-ci; mais bientôt nous le forçâmes à faire retraite, et, tandis qu'ils ramenaient leurs blessés au camp, nous fîmes les derniers efforts pour arriver, à marches forcées, dans la starotie de Sandomir.

THÈME.

Liv. I, § 26, 27, 28, 29.

26. Nous y arrivâmes en effet ; mais ce que nous cherchions n'était guère moins funeste que la flotte qui nous faisait fuir : nous trouvâmes sur cette côte de Sicile d'autres Troyens ennemis des Grecs. C'était là que régnait le vieux Aceste, sorti de Troie. À peine fûmes-nous arrivés sur ce rivage, que les habitants crurent que nous étions, ou d'autres peuples de l'île armés pour les surprendre, ou des étrangers qui venaient s'emparer de leurs terres : ils brûlent notre vaisseau ; dans le premier emportement, ils égorgent tous nos compagnons ; ils ne réservent que Mentor et moi, pour nous présenter à Aceste, afin qu'il pût savoir de nous quels étaient nos desseins, et d'où nous venions. Nous entrons dans la ville les mains liées derrière le dos, et notre mort n'était retardée que pour nous faire servir de spectacle à un peuple cruel, quand on saurait que nous étions Grecs.

27. On nous présenta d'abord à Aceste, qui, tenant un sceptre d'or en main, jugeait les peuples, et se préparait à un grand sacrifice. Il nous demanda d'un ton sévère quel était notre pays et le sujet de notre voyage. Mentor se hâta de répondre, et lui dit : Nous venons des côtes de la Grande-Hespérie, et notre patrie n'est pas loin de là. Ainsi il évita de dire que nous étions Grecs. Mais Aceste, sans l'écouter davantage, et nous prenant pour des étrangers qui cachaient leurs desseins, ordonna qu'on nous envoyât dans une forêt voisine, où nous servirions en esclaves sous ceux qui gouvernaient ses troupeaux.

28. Cette condition me parut plus dure que la mort. Je m'écriai : O roi ! faites-nous mourir plutôt que de nous traiter si indignement ! sachez que je suis Télémaque, fils du sage Ulysse, roi des Ithaciens ! Je cherche mon père dans toutes les mers ; si je ne puis le trouver, ni retourner dans ma patrie, ni éviter la servitude, ôtez-moi la vie que je ne saurais supporter.

29. A peine eus-je prononcé ces mots, que tout le peuple ému s'écria qu'il fallait faire périr le fils de ce cruel Ulysse dont les artifices avaient renversé la ville de Troie. O fils d'Ulysse ! me dit Aceste, je ne puis refuser votre sang aux mânes de tant de Troyens que votre père a précipités sur les rivages du noir Cocyte : vous et celui qui vous mène, vous périrez.

41e SUJET. *Arrivée des enfants de Jacob en Égypte.*

Matière.

§ 26. Les enfants de Jacob arrivent en Égypte, ne se doutant point de la dignité dont leur frère Joseph était revêtu. On les arrête comme des hommes suspects.

§ 27. Conduits, chargés de fers devant le ministre, celui-ci les interroge, et craignant qu'ils ne se fussent rendus coupables d'un nouveau fratricide, à cause de l'absence de Benjamin, il feint de ne les point connaître et les envoie en prison comme des malfaiteurs.

§ 28. Ils se récrient contre une sentence aussi infamante pour eux; ils se disent les enfants du patriarche Jacob et font mieux connaître le but de leur voyage.

§ 29. Joseph ému se fait connaître.

Synthèse du 41e sujet.

§ 26. Les enfants de Jacob arrivèrent enfin en Égypte, mais ils étaient loin de soupçonner ce qui les y attendait. C'était là que Joseph, leur frère, élevé à la seconde dignité de l'empire, tenait pour ainsi dire dans ses mains la souveraine puissance. A peine furent-ils arrivés dans la ville que les gardes chargés de la police crurent qu'ils étaient ou des espions, envoyés par l'ennemi, ou des étrangers sans aveu qui venaient se livrer à quelque larcin; ils s'emparent de leurs personnes; dans le premier mouvement, ils les conduisent chez le ministre, afin qu'il pût savoir d'eux quels étaient leurs desseins et d'où ils venaient. Ils entrent dans le palais, les mains liées derrière le dos; et leur position était d'autant plus pénible qu'ils servaient ainsi de spectacle à une foule de personnes qui ignoraient la cause de leur arrestation.

§ 27. Enfin, on les présenta à Joseph qui, revêtu

d'un riche costume, jugeait les peuples et réglait les affaires de l'État. Il leur demanda d'un ton sévère quel était leur pays et ce qu'ils venaient faire en Égypte. Ruben qui avait ouï dire que le ministre de Pharaon était de la Judée, s'empressa de répondre et lui dit : Nous venons de la Mésopotamie qui est notre patrie. Il fit ainsi connaître qu'ils étaient ses compatriotes. Mais Joseph qui les avait très-bien reconnus, et qui avait remarqué l'absence de Benjamin, craignant qu'ils ne se fussent rendus coupables d'un nouveau fratricide, et feignant de les prendre pour des malfaiteurs, ordonna qu'on les mît en prison où ils seraient employés aux plus rudes travaux, jusqu'à ce qu'il pût apprendre le sort de son plus jeune frère.

§ 28. Le soupçon qui planait sur eux leur parut plus dure que l'horrible condition à laquelle ils se voyaient condamnés. Ils s'écrièrent tous ensemble, et comme d'une seule voix : Seigneur ! faites-nous vos esclaves, mais n'ajoutez pas l'outrage à notre malheur. Sachez que nous sommes les enfants du vénérable Jacob, l'un des patriarches de la Judée ; nous sommes venus dans ce pays lointain pour y chercher les moyens de nourrir sa famille ; si nous ne devons plus le revoir, non plus que son jeune fils Benjamin, qu'il a retenu auprès de lui, il mourra ; mais du moins qu'il n'apprenne jamais que ses fils ont été confondus avec d'infâmes malfaiteurs.

§ 29. A peine eurent-ils prononcé ces mots que Joseph ému se fit connaître à eux.

THÈME.

Liv. 1, § 30, 31.

30. En même temps, un vieillard de la troupe proposa au roi de nous immoler sur le tombeau d'Anchise. Leur sang, disait-il, sera agréable à l'ombre de ce héros. Énée même, quand il saura un tel sacrifice, sera touché de voir combien vous aimez ce qu'il avait de plus cher au monde.

31. Tout le peuple applaudit à cette proposition, et l'on ne songea plus qu'à nous immoler. Déjà on nous menait sur le tombeau d'Anchise ; on y avait dressé deux autels où le feu sacré était allumé ; le glaive qui devait nous percer était devant nos yeux ; on nous avait couronnés de fleurs, et nulle compassion ne pouvait garantir notre vie : c'était fait de nous, quand Mentor demanda tranquillement à parler au roi. Il lui dit :

42e SUJET. *Adolphe au collége, sur les §§ 28, 29, 30 et 31.*

Matière.

Adolphe ayant commis une faute grave, allait être expulsé du collége, lorsque l'expression sincère de son repentir fit révoquer la décision des professeurs. Toutefois l'un d'entre eux proposa, dans l'intérêt de la discipline, de rendre publiques les circonstances du pardon, et les sentiments en faveur desquels il avait été accordé.

Synthèse du 42e sujet.

Adolphe, élève du collége de *** avait commis une faute grave, et ses maîtres avaient ordonné, pour l'exemple, qu'on l'expulsât de l'établissement, en présence de ses condisciples.

§ 28. La perte des avantageux moyens de s'instruire lui parut plus dure encore que l'humiliation à laquelle il allait être soumis ; il s'écria : Messieurs, imposez-moi les peines les plus sévères, plutôt que de me priver de vos leçons : apprenez que je suis le fils d'un homme distingué par ses talents et ses vertus ; je frémis à l'idée que mon père pourrait avoir à rougir de moi ; si je ne puis marcher sur ses traces en continuant à m'instruire, ni éviter le châtiment que je mérite, ni retourner dans ma famille avec la consolation d'avoir fait oublier ma faute, puissé-je perdre la vie que je ne saurais supporter !

§ 29. A peine eût-il prononcé ces paroles touchantes, que tous les professeurs émus s'écrièrent qu'il fallait pardonner à un jeune homme dont les discours annonçaient tant de repentir et de piété filiale. Adolphe, lui dit le directeur, je ne puis refuser votre grâce aux sollicitations de vos maîtres que les généreux sentiments dont vous êtes animé vous ont rendus favorables : vous continuerez à profiter de leurs leçons.

§ 3o. En même temps, un des professeurs proposa au conseil de rendre publiques les circonstances du pardon d'Adolphe, et la manière dont il l'avait obtenu. Ce récit, disait-il, sera utile à la discipline et aux progrès des études; et le plus paresseux même, quand il verra tant de bonté et d'indulgence, aura honte de ne pas répondre à l'attente de ses parents et au zèle de ses maîtres.

§ 31. Toute l'assemblée applaudit à cette proposition, et on ne songea plus qu'à la mettre à exécution.

THÊME.

Liv. 1, § 32.

32. O Aceste, si le malheur du jeune Télémaque, qui n'a jamais porté les armes contre les Troyens, ne peut vous toucher, du moins que votre propre intérêt vous touche. La science que j'ai acquise des présages et de la volonté des dieux me fait connaître qu'avant que trois jours soient écoulés, vous serez attaqué por des peuples barbares, qui viennent comme un torrent du haut des montagnes pour inonder votre ville et pour ravager tout votre pays. Hâtez-vous de les prévenir; mettez vos peuples sous les armes, et ne perdez pas un moment pour retirer au-dedans de vos murailles les riches troupeaux que vous avez dans la campagne. Si ma prédiction est fausse, vous serez libre de nous immoler dans trois jours; si au contraire elle est véritable, souvenez-vous qu'on ne doit pas ôter la vie à ceux de qui on la tient.

43e SUJET. Lettre du frère de l'enfant prodigue
(fragment).

Matière.

La douleur de ta famille... ton propre intérêt...

les excès te conduiront à une ruine complète... hâte-toi de prévenir ce malheur... implore le pardon... si tu suis mes conseils... si, au contraire, tu les rejettes...

Synthèse du 43e sujet.

O mon frère ! si la douleur de ta famille, qui te témoigna toujours tant d'affection, ne peut te toucher, du moins que ton propre intérêt te touche. Les renseignements que j'ai pris m'ont fait connaître que les excès auxquels tu te livres t'auront bientôt conduit à une ruine complète. Hâte-toi de prévenir ce malheur ; mets de côté un mauvais sentiment d'amour-propre, et ne tarde pas à venir implorer le pardon de notre père. Si tu suis mes conseils, le bonheur renaîtra pour toi ; si, au contraire, tu les rejettes, songe bien que tu feras descendre au tombeau celui à qui tu dois la vie.

44e SUJET. *Exhortation à un fils dissipé.*
Matière.

Un père exhorte son fils à changer de conduite, à cesser ses folles dépenses et à fuir les faux amis qui le séduisent. Il l'engage à s'appliquer davantage à ses affaires.

Synthèse du 44e sujet.

O mon fils ! si les prières de ton malheureux père, qui n'a jamais voulu que ton bonheur, ne peuvent te toucher, du moins que ton propre intérêt te touche. Les informations que j'ai prises sur le déréglement de ta conduite me font craindre que, d'ici à peu de temps, tu ne sois complétement ruiné par les folles dépenses dans lesquelles t'entraînent de faux amis, et qui te précipiteront dans la misère. Hâte-toi de prévenir ce malheur : fuis les méchants qui te séduisent et ne perds pas un moment pour réparer, par ton application et ton assiduité aux affaires de ton commerce, le temps précieux que tu as perdu dans les plaisirs. Si tu dédaignes mes conseils, tu me feras mourir de chagrin; si, au contraire, tu les suis, n'oublie pas que tu rendras la vieillesse de ton père heureuse!

45e SUJET. *Arrestation de Benjamin.*

Matière.

§ 31. Les frères de Joseph étaient arrêtés, et l'on allait procéder au jugement de Benjamin. On l'avait mené dans une salle où se trouvaient, sur une estrade, des instruments de supplice; la coupe (comme pièce de conviction) s'y trouvait aussi. La condamnation de Benjamin paraissait inévitable, quand Judas demanda à parler au ministre.

§ 32. Judas parla de la candeur de Benjamin, de son innocence, du désespoir qui accablerait son père... Il supplia le ministre de ne point précipiter le jugement, promettant de recueillir des preuves de non culpabilité en faveur de son frère, et offrant de se livrer en esclavage, lui et ses frères, s'il ne remplit point sa promesse.

Synthèse du 45e sujet.

§ 31. Les frères de Joseph venaient d'être arrêtés, et il ne restait plus aucun doute sur la culpabilité de Benjamin. Déjà on l'avait mené dans la salle destinée au jugement des criminels. On y avait dressé une estrade sur laquelle se trouvaient des instruments de supplice; la coupe fatale, témoin muet, mais accusateur, s'y trouvait en évidence. On avait chargé Benjamin de chaînes, et nul moyen de justification ne paraissait pouvoir sauver sa vie, quand Judas demanda avec instance à parler à Joseph. Il lui dit :

§ 32. O puissant ministre! si la candeur et l'innocence du jeune Benjamin, qui n'a pu se rendre volontairement coupable du crime qu'on lui impute, ne peut vous toucher, du moins que le malheur d vieillard vous touche. Le désespoir dans lequel notre père Jacob tomba naguère, à la perte d'un de ses enfants, nous fait craindre qu'il ne survivrait point à la terrible nouvelle d'une condamnation qui le priverait d'un fils si cher à son cœur. Ne précipitez donc point votre décision, attendez de nouveaux éclaircissements, et nous ne perdrons pas un moment pour recueillir, en faveur de notre frère, des témoignages irrécusables de vertu et d'innocence. Si notre promesse ne se réalise point, vous serez libre de nous retenir tous comme esclaves; si, au contraire, son innocence est prouvée, combien n'aurez-vous pas à vous féliciter de n'avoir pas ôté la vie à un innoce nt

THÊME.

Liv. i. § 33. Effet du discours qui précède :

1° Sur les sentiments de l'auditeur,

2° Sur ses actions,

3° Description.

33. Aceste fut étonné de ces paroles que Mentor lui disait avec une assurance qu'il n'avait jamais trouvée en aucun homme. Je vois bien, répondit-il, ô étranger ! que les dieux, qui vous ont si mal partagé pour tous les dons de la fortune, vous ont accordé une sagesse qui est plus estimable que toutes les prospérités. En même temps il retarda le sacrifice, et donna avec diligence les ordres nécessaires pour prévenir l'attaque dont Mentor l'avait menacé. On ne voyait de tous côtés que des femmes tremblantes, des vieillards courbés, de petits enfants les larmes aux yeux, qui se retiraient dans la ville. Les bœufs mugissants et les brebis bêlantes venaient en foule, quittant les gras pâturages, et ne pouvant trouver assez d'étables pour être mis à couvert. C'étaient de toutes parts des bruits confus de gens qui se poussaient les uns les autres, qui ne pouvaient s'entendre, qui prenaient dans ce trouble un inconnu pour leur ami, et qui couraient sans savoir où tendaient leurs pas. Mais les principaux de la ville, se croyant plus sages que les autres, s'imaginaient que Mentor était un imposteur qui avait fait une fausse prédiction pour sauver sa vie.

46ᵉ SUJET. *Jonathas, fils de Saül, demande à son père la grâce de David.*

Matière.

§ 32. Saül, roi d'Israël, envieux de la gloire que David avait acquise, l'exile et cherche à le faire mourir. Jonathas, fils de Saül, lui adresse une prière touchante pour le fléchir : Si l'innocence de David ne peut vous toucher, que le salut d'Israël vous touche... Les Philistins se préparent à la guerre ; bientôt ils prendront les armes contre nous. Si cette crainte ne se réalisait pas..., au moins la reconnaissance a des droits sur votre cœur... David a sauvé Israël... N'ôtez pas la vie à celui de qui vous tenez le trône.

§ 33. Saül frappé des paroles de Jonathas, rappelle David. — Joie des Israélites. Chants d'allégresse. On ne voit de tous côtés que des chœurs d'Israélites chantant les exploits de David.

Synthèse du 46ᵉ sujet.

§ 32. O mon père ! si le malheur du jeune David, toujours fidèle à son roi, et qui n'a jamais porté les armes que contre nos ennemis, ne peut vous toucher, du moins que le salut de votre royaume vous touche. Les renseignements que j'ai obtenus sur les préparatifs des Philistins et sur l'accroissement de leurs forces, me font craindre qu'Israël ne soit bientôt attaqué par ces peuples ennemis de son bonheur, qui viendront pour ravager ses belles campagnes. Hâtez-vous de prévenir cette guerre ; vous savez combien les Philistins craignent David, qui a déjà sauvé votre royaume : ne perdez pas un moment, rappelez au milieu de nous cet homme si courageux qui a eu le malheur de vous déplaire. Si mes pressentiments se réalisent, vous vous féliciterez d'avoir rappelé David ; si, au contraire, les apparences me trompent, vous êtes trop juste pour ne point reconnaître que vous ne pouvez prolonger davantage l'exil d'un guerrier à qui vous devez le trône.

§ 33. Saül fut frappé de ces paroles que Jonathas lui dictait avec une franchise dont il n'avait jamais osé faire usage. Oui, mon fils, répondit-il, je dois reconnaître que Dieu a accordé à David une valeur et une sagesse qui sont utiles à ma couronne. En même temps il embrassa Jonathas avec effusion et donna avec diligence les ordres nécessaires pour rappeler David de l'exil. Quand cette heureuse nouvelle se fut répandue, on ne voyait de tous côtés que de jeunes Israélites chantant les exploits de David, son père courbé par l'âge, ses frère les larmes aux yeux, qui couraient remercier le roi. C'étaient de toutes parts des chants de joie et d'allégresse.

THÈME.

§ 34. Narration. Analyse des faits. Lieu de l'action. — Penchant des montagnes. Personnages. — Barbares, Himériens. Faits. — Ceux qui, etc.,... perdirent leurs esclaves.

34. Avant la fin du troisième jour, pendant qu'ils étaient pleins de ces pensées, on vit sur le penchant des montagnes voisines un tourbillon de poussière ; puis on aperçut une troupe innombrable de barbares armés : c'étaient les Himériens, peuples féroces, avec les nations qui habitent sur les monts Nébrodes et sur le sommet d'Acragas, où règne un hiver que les zéphyrs n'ont jamais adouci. Ceux qui avaient méprisé la prédiction de Mentor perdirent leurs esclaves et leurs troupeaux. Le roi dit à Mentor : J'oublie que vous êtes des Grecs : nos ennemis deviennent nos amis fidèles. Les dieux vous ont envoyés pour nous sauver ; je n'attends pas moins de votre valeur, que de la sagesse de vos conseils ; hâtez-vous de nous secourir.

47e SUJET. *Attaque d'une caravane par les Bédouins.*
(liv. 1, § 34).
Matière.

Non loin des ruines de Palmyre, une caravane est

attaquée par les brigands. Un coup de fusil se fait entendre, et bientôt on voit sortir d'un ravin les Bédouins... avec les Kurdes, qui infestent les environs d'Alep et de Naplouse... Ceux qui s'étaient écartés de la caravane périrent. Le chef encourage ses compagnons et leur propose d'attaquer les brigands.

Synthèse du 47ᵉ sujet.

§ 34. Au moment d'arriver à Palmyre, lorsque déjà nous en découvrions les ruines, nous entendîmes la détonation d'une arme à feu; puis nous vîmes sortir d'un ravin voisin un grand nombre d'Arabes armés. C'étaient des Bédouins, peuple pillard, avec les Kurdes, qui infestent les environs d'Alep et de Naplouse, où règne une stérilité qui semble pousser au brigandage. Ceux de nos compagnons qui s'étaient écartés de la caravane furent victimes de leur imprudence. Notre chef nous dit alors : Oublions que ces brigands sont plus nombreux que nous; notre valeur triomphera de leur nombre. Nous sommes tous bien armés : je n'attends pas moins de votre valeur que de la supériorité de nos armes. Hâtons-nous de les attaquer.

48ᵉ SUJET. *Pharaon à Joseph, après l'interprétation des songes.*

Matière.

§ 33. L'assurance avec laquelle Joseph interpréta les songes, frappa Pharaon. Celui-ci admira la sagesse de ce jeune homme, le combla de présents et lui donna les pouvoirs nécessaires pour prévenir la famine dont l'Egypte était menacée. — Détail de ce qu'on vit pendant les sept années d'abondance... ce que faisaient les marchands de grains... ce que négligeait le peuple.

§ 34. Divers peuples, voisins de l'Egypte, y ac-

courent pour acheter du blé... chameaux, dromadaires... Les Israélites, avec les nations qui habitent
les bords du lac Asphaltite, s'y rendirent aussi. Ces
peuples, quoique habitant une contrée fertile, res-
sentirent les horreurs de la famine. Comme ils
avaient ignoré la prédiction de Joseph, ils n'avaient
pas eu soin de faire d'approvisionnement.

Synthèse du 48ᵉ sujet.

§ 33. Pharaon fut frappé de cette interprétation
que le jeune Israélite lui donnait avec une assurance
qu'il n'avait jamais trouvée dans aucun de ses de-
vins. Je vois bien, lui dit-il, ô étranger, que le sort
qui a été si cruel envers vous, vous a doué d'une
sagesse qui l'emporte sur celle des hommes les plus
habiles de l'Egypte. En même temps il le combla de
présents et lui donna les pouvoirs nécessaires pour
prévenir la famine dont son peuple était menacé. On
ne vit, durant sept ans, que des laboureurs travaillant
avec ardeur à la culture des terres ; des moissons abondantes couvrant le sol fertile de l'Egypte ; des hommes
occupés à amasser les produits de leurs champs. Des
bêtes de somme, courbées sous le poids de leur
charge, venaient en foule apportant les grains dans
la ville, et l'on ne pouvait presque trouver assez de
greniers pour les mettre à couvert. C'était de toutes
parts des marchands qui offraient des céréales à
vendre, qui cherchaient à tirer parti des circonstances
et qui paraissaient peu s'inquiéter de l'avenir. Mais
le peuple, qui n'appréciait point la prédiction de
Joseph, vivant dans une funeste sécurité, ne prit aucune précaution pour se mettre à l'abri de la famine.

§ 34. Au commencement de la famine, lorsque
déjà les peuples se rendaient en foule en Egypte, on
vit sur la route de Canaan une troupe confuse de

chameaux et de dromadaires; puis on découvrit un grand nombre d'étrangers : c'étaient des Israélites, peuple pasteur, avec les nations qui habitent les bords du lac Asphaltite et les plaines de la Galilée, où naguère régnait une abondance qui avait fait naître une fausse sécurité; ces peuples, qui avaient longtemps ignoré la prédiction de Joseph, éprouvèrent bientôt les horreurs de la famine.

THÊME

§ 35. Mentor montre dans ses yeux une audace qui étonne les plus fiers combattants. Il prend un bouclier, un casque, une épée, une lance; il range les soldats d'Aceste et il marche à leur tête, et s'avance en bon ordre vers les ennemis. Aceste, quoique plein de courage, ne peut, dans sa vieillesse, le suivre que de loin. Je le suis de plus près, mais je ne puis égaler sa valeur. Sa cuirasse ressemblait, dans le combat, à l'immortelle égide. La mort coulait de rang en rang partout sous ses coups. Semblable à un lion de Numidie, que la cruelle faim dévore et qui entre dans un troupeau de faibles brebis, il déchire, il égorge, il nage dans le sang; et les bergers, loin de secourir le troupeau, furent tremblants, pour se dérober à sa fureur!

48° SUJET (bis). *Administration de Joseph.*

(*Matière.*)

Joseph montre beaucoup de sagesse dans son administration; il convoque souvent des hommes sages et les ministres de Pharaon...; il parcourt l'Égypte. Un jeune intendant cherche à rivaliser de zèle avec lui, mais il ne put égaler son activité. — Comparaison avec la fourmi.

(*Synthèse du 48e sujet (bis).*)

§ 35. Joseph montra dans son administration une sagesse qui étonnait les hommes les plus expérimentés. Il convoquait souvent les sages et les ministres, discutait avec eux les affaires de l'État; parcourait l'Égypte et attendait avec confiance des événements qui devaient se réaliser. Les autres ministres, quoique pleins de zèle, ne pouvaient, à cause de leur vieillesse, le seconder assez activement. Un jeune intendant seul cherchait à rivaliser avec lui, mais il ne pouvait égaler son activité. La sollicitude de Joseph ressemblait à celle d'un excellent père de famille. Le blé s'amoncelait dans ses immenses greniers. Semblable à la fourmi, que la prudence guide, et qui enfouit ses provisions dans la terre, Joseph court au loin faire de nouveaux achats de blé, les transporte, les emmagasine, et les Égyptiens, loin de contrarier ses desseins, s'empressent de seconder sa louable entreprise.

49e SUJET. LIV. I, §§ 53, 34. *Prise de Troie.*

Matière.

À la fin de la dixième année, les Grecs lassés d'un si long siége, ont recours à un stratagème. Ils construisent en bois un énorme cheval, dans lequel s'enferment un grand nombre d'hommes armés (Ulysse, Nestor, Philoctète). Après avoir publié que c'est une offrande qu'ils font à Minerve, les Grecs feignent de partir.

Les Troyens, trompés d'ailleurs par les paroles artificieuses de Sinon et par le châtiment que Minerve semble infliger à Laocoon, se croyant délivrés de leurs ennemis, se livrent à la joie, traînent le cheval de bois dans la ville et font des sacrifices. La nuit suivante, les Grecs sortent du cheval, tandis que d'autres Grecs débarquent et entrent dans la ville qu'ils livrent au pillage.

Synthèse du 49e sujet.

§ 53. Les Troyens furent convaincus de la sincérité de Sinon à la vue du châtiment que Minerve infligeait à Laocoon avec une sévérité inouïe. Vous voyez bien, ô Priam ! s'écrièrent-ils, que la déesse qui jusqu'ici a si visiblement protégé les Grecs, consent enfin à nous accorder la paix qui est plus précieuse que les plus glorieux combats. Alors Priam rentra dans la ville et ordonna des sacrifices pour remercier les dieux de la délivrance de Troie. On ne voyait de tous côtés que des guerriers se délassant de leurs travaux, des femmes heureuses de revoir leurs maris, des enfants pleins de joie qui couraient au-devant de leurs parents. Les pontifes sacrés et les principaux Troyens se précipitaient en foule dans le temple, rendant des actions de grâces, et pouvant à peine trouver assez de place pour consommer les sacrifices. C'étaient de toutes parts des cris de joie de gens qui s'embrassaient avec effusion, qui se racontaient leur misère passée et qui couraient partout, cherchant leurs proches et leurs amis ; mais plusieurs des principaux Troyens craignant une surprise de la part des Grecs, voulaient qu'on gardât la citadelle qui dominait la ville.

§ 34. Vers le milieu de la nuit, lorsque les Troyens étaient ensevelis dans le sommeil, les Grecs débarquèrent sur le rivage voisin un grand nombre d'hommes. En même temps sortirent du cheval de bois, une multitude de Grecs armés. C'était Ulysse, général rusé, avec les soldats qui obéissaient au vieux Nestor et au vaillant Philoctète que les flèches d'Hercule rendaient le plus redoutable des capitaines grecs. Ceux qui gardaient la principale porte de la ville furent tous impitoyablement massacrés.

THÈME.

§ 36. Ces barbares, qui espéraient de surprendre la ville, furent eux-mêmes surpris et déconcertés. Les sujets d'Aceste, animés par l'exemple et par les ordres de Mentor, eurent une vigueur dont ils ne se croyaient point capables.

De ma lance je renversai le fils du roi de ce peuple ennemi.
Il était de mon âge, mais il était plus grand que moi; car
ce peuple venait d'une race de géants qui étaient de la même
origine que les Cyclopes. Il méprisait un ennemi aussi faible
que moi; mais sans m'étonner de sa force prodigieuse, ni de
son air sauvage et brutal, je poussai ma lance contre sa
poitrine, et je lui fis vomir, en expirant, des torrents d'un
sang noir. Il pensa m'écraser dans sa chute; le bruit de ses
armes retentit jusqu'aux montagnes. Je pris ses dépouilles,
et je revins trouver Aceste. Mentor ayant achevé de mettre
les ennemis en désordre, les tailla en pièces, et poussa les
fuyards jusque dans les forêts.

5o^e SUJET. *Une chasse aux loups* (fragment de lettre).

Matière.

On traqua les loups qui infestaient le village. Les
chasseurs, guidés par notre ami B***, firent, en cette
occasion, preuve de courage. — J'abattis le plus
grand de ces animaux qui, quoique jeune, avait, en
quelque sorte, osé nous défier. Les autres loups, prenant alors la fuite, furent poursuivis par les chasseurs qui en tuèrent un grand nombre.

Synthèse du 50e sujet.

§ 36. Les loups qui infestaient notre village furent
bientôt découverts et traqués. Les chasseurs du can-
ton, animés par l'exemple et par les encouragements
de notre ami B***, montraient un courage dont ils
ne se croyaient point capables. D'un coup de fusil,
je blessai le plus féroce de la bande dévastatrice. Ce
loup était encore jeune; mais il était plus audacieux
que les autres, car il venait vers nous; il semblait mépriser des adversaires aussi faibles; mais, sans m'é-
pouvanter de sa taille énorme, ni de ses hurlements
sauvages et féroces, je dirigeai mon fusil contre ses
flancs et je décourageai par mon adresse le reste de
la bande. Il voulut s'élancer sur moi; l'impuissance
de ses efforts augmenta sa rage. Je pris sa dépouille
et je revins trouver les chasseurs. Notre ami B***,

nous, ayant engagés à poursuivre notre guerre d'extermination, nous tuâmes un grand nombre de loups et nous poursuivîmes le dernier jusque dans son repaire.

THÈME.

Liv. II, § 1er. Un homme, par une cause quelconque, excite un sentiment quelconque.

1. Les Tyriens, par leur fierté, avaient irrité contre eux le roi Sésostris, qui régnait en Égypte et qui avait conquis tant de royaumes. Les richesses qu'ils ont acquises par le commerce, et la force de l'imprenable ville de Tyr, située dans la mer, avaient enflé le cœur de ces peuples; ils avaient refusé de payer à Sésostris le tribut qu'il leur avait imposé en revenant de ses conquêtes, et ils avaient fourni des troupes à son frère, qui avait voulu le massacrer, à son retour, au milieu des réjouissances d'un grand festin.

Analyse.

1° Personne irritée, et contre qui?

2° Cause de l'irritation;

3° Actions de ceux qui ont provoqué l'irritation.

51e SUJET.

Matière.

La politique astucieuse des Anglais irritait Napoléon. Leurs alliances dans le nord et la supériorité de leur marine, les rendaient fiers. Ils avaient cherché à annuler les alliances de la France, et avaient fourni de l'argent aux auteurs de la machine infernale de la rue Saint-Nicaise.

Synthèse du 51e sujet.

§ 1er. Les Anglais, par leur politique astucieuse, avaient irrité contre eux le jeune héros (1) qui gouvernait la France, et qui avait subjugué tant de royaumes. Les alliances qu'ils s'étaient ménagées dans le nord et la force de l'invincible marine britannique, su-

périeure à toutes les autres, avaient augmenté l'inso-
lente fierté de ces insulaires (2). Ils avaient tenté de
détacher de la France les peuples que Napoléon lui
avait alliés en accumulant ses victoires, et ils avaient
fourni de l'or aux conspirateurs qui avaient voulu le
faire périr, à son retour d'Italie, au milieu de la rue
Saint-Nicaise.

52ᵉ SUJET. *Quelques mots de l'histoire de Joseph,
par les contraires.*

Joseph aimé, honoré, et de qui?
Cause de cet effet.
Actions de celui qui a produit cet effet.

Synthèse du 52ᵉ sujet.

Si Joseph, par la sagesse de ses interprétations,
s'était fait aimer du roi qui régnait en Égypte, et
qu'un songe avait inquiété. L'expérience qu'il avait
acquise pendant ses longs malheurs, et les inspira-
tions de Dieu, source de toute vertu, lui avaient
donné une profonde sagesse. Il avait expliqué, aux
deux ministres de Pharaon, le songe qu'ils avaient
eu dans la prison, et il avait, par sa sage prévoyance,
préservé l'Égypte du fléau qui désolait l'Asie.

THÊME.

Liv. II, § 2.

1ᵉ Résolution de l'homme attaqué, pour s'opposer
à son ennemi;
2ᵉ Les moyens qu'il emploie;
3ᵉ Ce qui arrive d'inattendu à l'ennemi;
4ᵉ Ce que celui-ci tente pour réussir;
5ᵉ Son non succès.

2. Sésostris avait résolu, pour abattre leur orgueil, de
troubler leur commerce dans toutes les mers. Ses vaisseaux
allaient de tous côtés cherchant les Phéniciens. Une flotte
égyptienne nous rencontra, comme (nous commencions à

perdre de vue les montagnes de la Sicile : le port et la terre semblaient fuir derrière nous et se perdre dans les nues. En même temps, nous voyons approcher les navires des Egyptiens, semblables à une ville flottante. Les Phéniciens les reconnurent et voulurent s'en éloigner ; mais il n'était plus temps : leurs voiles étaient meilleures que les nôtres ; le vent les favorisait ; leurs rameurs étaient en plus grand nombre : ils nous abordent, nous prennent et nous emmènent prisonniers en Egypte.

53ᵉ SUJET. *Campagne de Russie*, (narration).

Matière.

Pour arrêter l'armée française, l'empereur de Russie fit incendier les villages par où elle devait passer. Moscow, même, où l'armée espérait se reposer, devint la proie des flammes, tandis que l'armée russe s'échappait..... On ne put maîtriser l'incendie qui atteignit le Kremlin.

Les Français se retirent en désordre vers la campagne.

Synthèse du 53ᵉ sujet.

§ 2. Alexandre avait résolu, pour arrêter l'armée française, de ravager les lieux qu'elle devait traverser (1). Les cosaques allaient de tous côtés, brûlant les villages (2); une flamme immense embrasa Moscou au moment où nous espérions y goûter les douceurs du repos; les palais et les maisons semblaient condamnés à la destruction et à ne devoir plus revoir d'habitants (3). En même temps, nous voyons s'éloigner l'armée russe, semblable à une ombre insaisissable. Nous reconnaissons enfin le danger de notre position et nous cherchons à éteindre le feu (4), mais il n'était plus temps; l'incendie est plus fort que nous, le vent le favorise; tous les monuments déjà sont la proie des flammes; elles atteignent le Kremlin; nous chassent devant elles, et nous poussent en désordre vers la campagne (5).

54e SUJET. *Bataille d'Aboukir.*

Fragment du rapport du contre-amiral Villeneuve.

A bord du Glorieux, octobre 1779.

Matière.

Pour sauver leurs possessions dans les Indes, les Anglais prennent la résolution d'empêcher notre armée de passer en Egypte.—Escadres qui parcourent la Méditerranée.—La flotte française est attaquée par l'amiral Nelson. — Une fausse manœuvre de l'amiral Brueys cause la perte de la flotte française, à un seul vaisseau près, *le Glorieux.*

Synthèse du 54e sujet.

Liv. II, § 2. Les Anglais avaient résolu, pour sauver leurs possessions dans les Indes, d'empêcher notre armée de passer en Egypte. De fortes escadres parcouraient la Méditerranée, cherchant les Français. Nelson nous aperçut comme l'armée française s'emparait d'Alexandrie; la garnison et les habitants avaient jeté les armes, et s'étaient enfuis vers la haute Egypte. Bientôt nous vîmes approcher la flotte anglaise dont les forces étaient égales aux nôtres. L'amiral Brueys fit une fausse manœuvre, et voulut la réparer ; mais il n'était plus temps ! Nelson profita de cette faute, passa entre la terre et nous, nous mit entre deux feux, nous accabla et s'empara de notre flotte, à l'exception de mon seul vaisseau.

THÈME.

Liv. II, § 26 et 27. Portrait et narration.—Peindre le personnage avant de le mettre en scène.

26. Pendant que ces pensées roulaient dans mon esprit, je m'enfonçai dans une sombre forêt où j'aperçus tout à coup un vieillard qui tenait un livre à la main. Ce vieillard avait

5.

un grand front chauve et un peu ridé ; une barbe blanche pendait jusqu'à sa ceinture ; sa taille était haute et majestueuse ; son teint était encore frais et vermeil ; ses yeux vifs et perçants, sa voix douce, ses paroles simples et aimables. Jamais je n'ai vu un si vénérable vieillard. Il s'appelait Termosiris ; il était prêtre d'Apollon, qu'il servait dans un temple de marbre que les rois d'Egypte avaient consacré à ce dieu dans cette forêt. Le livre qu'il tenait était un recueil d'hymnes en l'honneur des dieux.

27. Il m'aborde avec amitié ; nous nous entretenons. Il racontait si bien les choses passées qu'on croyait les voir ; mais il les racontait courtement, et jamais ses histoires ne m'ont lassé. Il prévoyait l'avenir par la profonde sagesse qui lui faisait connaître les hommes et les desseins dont ils sont capables. Avec tant de prudence il était gai, complaisant, et la jeunesse la plus enjouée n'a point autant de grâce qu'en avait cet homme dans une vieillesse si avancée ; aussi aimait-il les jeunes gens lorsqu'ils étaient dociles et qu'ils avaient le goût de la vertu.

55ᵉ sujet. *Portrait de Cupidon.*

Matière.

Songe dans un bosquet. — Apparition de Cupidon. Son portrait. Il plaît, mais sa perfidie se révèle bientôt. On ne l'écoute plus : il s'enfuit (Voir les faits, liv. IV, § 10).

Synthèse du 55ᵉ sujet.

26. Pendant que j'étais livré à un profond sommeil, je me crus transporté dans un bosquet touffu, où j'aperçus tout à coup un enfant qui tenait une flèche à la main. Cet enfant avait sur les lèvres un sourire malin et moqueur ; la gaîté et l'enjouement brillaient sur son visage, sa taille était légère et pleine de grâce, son teint frais et vermeil, ses yeux vifs et perçants, sa voix douce, ses paroles flatteuses et insinuantes. Jamais je n'ai vu d'enfant si gracieux : c'était le petit dieu Cupidon. Ses cheveux blonds tombaient en grosses boucles sur ses épaules ; il portait un carquois rempli de flèches qu'il avait ornées de fleurs.

227. Il m'aborde avec toute l'ingénuité de l'enfance, nous nous entretenons. Il paraissait si aimable que je ne pouvais me lasser de l'entendre ; et ses discours étaient si pleins de charme, que je croyais n'éprouver que du plaisir ; mais je ne tardai pas à découvrir qu'il était perfide et trompeur, et qu'il voulait me rendre sa victime. Alors, désirant éviter les maux qu'il cause, je fermai l'oreille à ses discours insidieux ; aussi, ne tarda-t-il pas à s'envoler tout confus.

55ᵉ SUJET (bis). *Portrait de Télémaque, par un Vénusien* (1).

Synthèse du 55ᵉ sujet (bis).

Liv. II, § 26. Après que j'eus circulé autour de la montagne, je m'enfonçai dans un défilé, où je rencontrai tout à coup un jeune guerrier qui tenait une lance à la main. Ce jeune homme avait un casque brillant, dont les crins flottants pendaient jusqu'à sa ceinture (2). Son visage avait une majesté fière ; son teint était brun (3), ses yeux étincelants d'un feu divin, sa voix forte (4), ses paroles simples et aimables (5). Jamais je n'ai vu un si beau jeune homme. Il s'appelait Télémaque ; il était capitaine d'Idoménée (7), qu'il servait dans l'armée que les rois des colonies hespériennes avaient rassemblée contre les Dauniens (8). La lance qu'il tenait avait été faite par Vulcain dans les cavernes fumantes du mont Etna (9).

Source des idées.

LE MAITRE : 1° Qu'entendez-vous par *un Vénunusien ?* — Un habitant de *Vénuse*, ville forte qu'Adraste avait usurpée.

2° Pourquoi *une lance à la main — casque brillant — crins flottants ?* — Fénelon dit, liv. xx, § 22 ; son casque, couvert de crins flottants, brillait déjà sur sa tête... il tenait sa lance d'une main, de l'autre... etc., xx, § 22. Minerve avait mis dans ses yeux un feu divin, et sur son visage une majesté fière.

3° Comment savez-vous que *son teint était brun ?* — J'ai vu : « son corps loin de s'affaiblir dans une vie si pénible, se fortifiait et s'endurcissait chaque jour... son teint devenait plus *brun* et moins délicat, ses membres moins mous et plus nerveux. xvii, § 41.

4° Qu'est-ce qui vous fait dire que sa voix était *forte ?* — J'ai vu, liv. xx, § 42, « de loin, Télémaque pousse un cri qui se fait entendre aux deux armées. »

5° Motivez : *Paroles simples.* — Télémaque donnait-il un ordre, c'était dans les termes les plus *simples.* xx, § 24.

6° Justifiez *beau jeune homme.* — Le fils d'Ulysse et Iphyclès, le plus jeune des enfants d'Adraste, étaient tous deux *beaux*, vigoureux, pleins d'adresse et de courage. xvii, § 14.

7° Télémaque s'arracha d'entre les bras du sommeil, et mit en mouvement tous les officiers. xx, § 22.

8° Les alliés se contentèrent d'avoir dans leur armée le jeune fils d'Ulysse avec cent jeunes Crétois qu'Idoménée lui donna pour l'accompagner. xii, § 15.

9° Télémaque prend ses armes, don précieux de la sage Minerve qui... les avait fait faire à Vulcain dans les cavernes fumantes du mont Etna. xvii, § 3.

56° SUJET. *Portrait de Télémaque.*

Termosiris à un autre prêtre d'Apollon.

Matière.

Liv. II. § 26. Termosiris raconte que pendant qu'il méditait sur la grandeur des dieux ...il aperçut

tout à coup un jeune berger... portrait : front,
cheveux, barbe, taille, teint, yeux, voix, paroles...

§ 27. Il racontait ses aventures avec éloquence...
Il avouait ingénûment ses fautes... Jusqu'alors il n'a-
vait eu ni prévoyance... ni modération... mais, malgré sa grande jeunesse il était .. il aimait les vieillards.

Synthèse du 56e sujet.

§ 26. Pendant que je méditais sur la grandeur des
dieux et la sagesse des hommes qui préfèrent la gloire
aux plaisirs, j'aperçus tout à coup un jeune berger qui
se tenait appuyé sur sa houlette. Ce jeune homme
avait un front haut et de longs cheveux blonds ; une
barbe naissante couvrait à peine son menton ; sa taille
était haute et majestueuse ; son teint était frais et
vermeil, mais un peu jauni par le chagrin ; ses yeux
pénétrants mais abattus ; sa voix mâle, mais triste ;
ses paroles douces et un peu languissantes. Jamais je
n'avais vu un plus intéressant jeune homme. Il s'appelait Télémaque. Il était esclave de Métophis dont
il gardait les troupeaux dans cet oasis.

§ 27. Je l'aborde avec amitié, nous nous entretenons. Il racontait ses aventures avec tant d'éloquence et de sagesse qu'on l'écoutait avec étonnement ; et il avouait si ingénûment les fautes qu'il
avait faites par précipitation, qu'on trouvait une no-
blesse et une grandeur étonnante dans ce jeune
homme qui s'accusait lui-même. Je ne me serais
jamais lassé de l'entendre. Jusqu'alors il n'avait eu
ni prévoyance de l'avenir, ni modération pour ménager le présent ; il n'avait pas encore acquis cette profonde sagesse qui fait connaître les hommes et les
desseins dont ils sont capables ; mais malgré sa
grande jeunesse, il était modeste, discret et vertueux,
aussi aimait-il les vieillards.

THÈME.

Liv. II, § 36. *Lutte. Combat. Description.*

36. Mais ce qui acheva de me rendre fameux parmi nos bergers, c'est qu'un jour un lion affamé vint se jeter sur mon troupeau; déjà il commençait un carnage affreux. Je n'avais en main que ma houlette : je m'avance hardiment. Le lion hérisse sa crinière, me montre ses dents et ses griffes, ouvre une gueule sèche et enflammée ; ses yeux paraissent pleins de sang et de feu; il bat ses flancs avec sa longue queue. Je le terrasse : la petite cotte de mailles dont j'étais revêtu, selon la coutume des bergers d'Égypte, l'empêcha de me déchirer. Trois fois je l'abattis, trois fois il se releva : il poussait des rugissements qui faisaient retentir les forêts. Enfin je l'étouffai entre mes bras; et les bergers, témoins de ma victoire, voulurent que je me revêtisse de la peau de ce terrible animal.

On remarque dans ce tableau :

1º Les circonstances ou causes qui donnent lieu au combat, et la manière dont s'y prend Télémaque;

2º Ses moyens de défense;

3º Le portrait du lion (cause de terreur);

4º La résistance, les efforts réciproques des deux combattants;

5º La victoire.

57º SUJET. *Course des chariots.*

Matière.

Télémaque raconte que ce qui augmenta l'espoir de ses rivaux, c'est que son char se trouvait le moindre pour la légèreté des roues et pour la vigueur des chevaux... etc. (Voir les faits, liv. IV, § 24 et 25.)

Synthèse du 57º sujet.

36. Ce qui augmenta l'espoir de mes rivaux, c'est que mon char se trouvait le moindre pour la légèreté des roues et pour la vigueur des chevaux. Déjà le signal du départ est donné. Je me laisse d'a-

bord devancer; je ménage mes chevaux. Bientôt ils
s'animent, se mettent en haleine et atteignent les
plus vigoureux : mes rivaux étaient furieux ; ils poussaient vainement leurs chevaux ; je les laisse derrière moi; une roue brisée à dessein ne sut me fermer le passage. Trois fois, Crantor se rapprocha de
moi; trois fois je le devançai ; il parlait à ses cour-
siers et invoquait les dieux. Enfin, j'arrivai au bout
de la carrière, et les Crétois, témoins de ma victoire,
voulurent me proclamer roi.

(Euph. BEERN...)

58e SUJET. *Lutte de Mentor contre les faiblesses de
son élève*

Matière.

Voir les faits, liv. VII, §§ 6 (14)

Télémaque séduit par les douceurs de l'île d'Ogygie désire y demeurer. — Mentor lui parle pour le
détourner. — Objections de Télémaque. — Mentor
les réfute et l'entraîne loin de ces rivages dangereux.

Synthèse du 58e sujet.

Liv. II, § 36. Le cœur de Télémaque s'amollissait :
déjà il désirait ne plus quitter l'île d'Ogygie (1). J'a-
vais, pour combattre sa passion, le souvenir d'Ulysse
et de Pénélope ; j'emploie ce moyen (2). Il me fait des
objections, me montre sa mère engagée dans de nouveaux liens, les Ithaciens ingrats envers son père,
ses droits méconnus : il craint de trouver à Ithaque
une mort assurée (3). Je combats ces prétextes; je lui
parle des dieux qui, en toutes circonstances, n'ont
cessé de le protéger. Il élève de nouvelles difficultés;
je les réfute (4) : il poussait des soupirs qui me faisaient peine. Enfin , je l'entraînai vers le rivage (5),
et un vaisseau phénicien, qui se trouvait arrêté près
de cet endroit, nous reçut à son bord hospitalier.

Le Maître : Motivez. — (1) Circonstances ou causes qui donnent lieu au combat, à la lutte.

(2) Moyens de défense de Mentor.

(3) Prétextes de Télémaque (sur le portrait du lion).

(4) Résistance et efforts réciproques des deux combattants.

(5) Victoire de Mentor.

59ᵉ SUJET. *Combat de Télémaque et d'Hippias.*

Matière.

Voir les faits, liv. XVI, §§ 6, 7, 8, 9, 10.

Télémaque raconte son irritation, causée par la prétention d'Hippias, qui veut garder les prisonniers faits sur les Dauniens. — Déjà il les conduisait à Tarente. Télémaque s'y oppose. Les rois mettent fin à la lutte en conduisant les combattants dans leur camp.

Synthèse du 59ᵉ sujet.

II, § 36. Mais ce qui acheva de m'irriter, c'est qu'Hippias osa prétendre aux prisonniers que j'avais faits sur les Dauniens : déjà il les conduisait à Tarente. Je me précipite vers lui : nous mettons l'épée à la main. Les cheveux se dressent sur la tête d'Hippias ; je vois sur son visage le mépris et la colère, je le défie. Nous nous préparons au combat ; nos yeux sont pleins de fureur : je le saisis. Trois fois mes genoux chancelants se dérobent sous moi, trois fois je reprends de la force ; enfin je le jetai par terre et je le tins sous moi. Alors les rois arrivèrent et nous menèrent dans le camp ; mais la paix était loin d'être rétablie entre nous.   (Euph. Bærn...)

60ᵉ SUJET. *Incendie. — Dévouement maternel.*

Matière.

Le feu se manifeste dans un hameau. —Habitants consternés. — L'incendie se propage. — Une mère se souvient de son enfant laissé dans une chambre de sa maison. — Péril de l'enfant qu'elle sauve en exposant sa vie. — Applaudissements de ses amis.

Synthèse du 60e sujet.

La nuit commençait à couvrir la terre de ses ténèbres : quelques villageois, assis sur l'herbe, se délassaient des fatigues du jour; ils s'entrenaient paisiblement de leurs travaux, lorsque des cris se font entendre : Au feu! au feu! Une lueur rougeâtre colore le ciel; on s'aperçoit bientôt que ce sont des flammes qui s'élancent en gerbes dévorantes vers les nues. La consternation se répand dans le hameau.....

§ 36. Mais ce qui achève d'augmenter la frayeur des habitants, c'est qu'un vent impétueux porte les flammes de tous côtés; déjà une ferme est en feu. Le malheureux fermier fait de vains efforts pour s'opposer aux ravages de l'élément destructeur; les villageois accourent à son aide. L'incendie se propage avec une effrayante rapidité; il fait crouler diverses habitations, en gagne d'autres, ses ravages menacent bientôt le hameau tout entier; le vent redouble de violence. Une malheureuse mère se souvient qu'un de ses enfants repose dans une des chambres les plus reculées de sa maison embrasée; elle veut y pénétrer : le péril que court son jeune enfant lui fait oublier celui auquel elle s'expose. Trois fois elle veut se frayer un chemin au travers des flammes : trois fois la violence du feu l'empêche de pénétrer jusqu'à la couche de son enfant. Enfin, étouffant tout sentiment de crainte, elle traverse les flammes, prend son fils entre ses bras, et tous ses amis témoins de son dévouement, applaudissent à son courage.

THÈME.

Liv. II, §§ 39, 40.

39. Pendant que je retardais un peu mon départ pour tâcher d'en savoir des nouvelles, Sésostris, qui était fort âgé, mourut subitement, et sa mort me replongea dans de nouveaux malheurs.

40. Toute l'Égypte parut inconsolable de cette perte; chaque famille croyait avoir perdu son meilleur ami, son protecteur, son père. Les vieillards, levant les mains au ciel, s'écriaient : Jamais l'Égypte n'eut un si bon roi! Jamais elle n'en aura de semblable! O Dieux! il fallait ou ne le montrer point aux hommes, ou ne le leur ôter jamais! Pourquoi faut-il que nous survivions au grand Sésostris? Les jeunes gens disaient : L'espérance de l'Égypte est détruite; nos pères ont été heureux de passer leur vie sous un si bon roi; pour nous, nous ne l'avons vu que pour sentir sa perte. Ses domestiques pleuraient nuit et jour. Quand on fit les funérailles du roi, pendant quarante jours, les peuples des plus reculés y accouraient en foule : chacun voulait voir encore une fois le corps de Sésostris; chacun voulait en conserver l'image : plusieurs voulaient être mis avec lui dans le tombeau.

61ᵉ SUJET. *Mort de Judas Machabée.*

Matière.

En achevant la défaite des ennemis, Judas Machabée est frappé d'un coup mortel. Consternation des juifs en apprenant la mort de leur général. — Il avait rendu la paix à Jérusalem, la liberté aux sacrifices. Il avait mis en fuite les armées idolâtres et rétabli le culte du vrai Dieu. Ce vaillant général périt enfin dans le combat, et fut comme enseveli dans son triomphe.

Synthèse du 61ᵉ sujet.

§ 39. Pendant que l'armée d'Israël ralliait ses forces pour achever la défaite des ennemis, Judas Machabée, qui était plein de valeur, fut frappé d'un coup mortel, et sa mort plongea ses soldats dans la plus profonde consternation.

§ 40. Toute la Judée parut inconsolable de cette perte. L'armée disait avoir perdu son meilleur capitaine, son père. Les soldats levant les mains au ciel s'écriaient : Jamais Israël n'eut un si vaillant général ; jamais il n'en aura de semblable ! O héros ! Il suffisait de te montrer à nos ennemis pour leur faire craindre la force de nos armes ! Pourquoi faut-il que nous pleurions sur ta tombe ! D'autres disaient : L'espérance d'Israël est détruite. Nous avons vu le culte de nos pères rétabli par ce grand homme ; mais maintenant qu'il n'est plus, nous avons à craindre le retour de l'impiété. Tous ses soldats pleuraient nuit et jour. Quand on apporta sur un lit de parade, les restes de Judas, d'abondantes larmes recommencèrent à couler ; chacun de ces guerriers voulait voir encore une fois le corps de son général, chacun voulait en conserver l'image. Tous auraient voulu partager son triste triomphe.

THÈME.

Liv. II, § 41. Portrait.

41. Ce qui augmenta encore la douleur de sa perte, c'est que son fils Bocchoris n'avait ni humanité pour les étrangers, ni curiosité pour les sciences, ni estime pour les hommes vertueux, ni amour de la gloire. La grandeur de son père avait contribué à le rendre si indigne de régner. Il avait été nourri dans la mollesse et dans une fierté brutale ; il comptait pour rien les hommes, croyant qu'ils n'étaient faits que pour lui, et qu'il était d'une autre nature qu'eux ; il ne songeait qu'à contenter ses passions, qu'à dissiper les trésors immenses que son père avait ménagés avec tant de soin, qu'à tourmenter les peuples, et qu'à sucer le sang des malheureux ; enfin, qu'à suivre le conseil flatteur des jeunes insensés qui l'environnaient, pendant qu'il écartait avec mépris tous les sages vieillards qui avaient eu la confiance de son père. C'était un monstre, et non pas un roi. Toute l'Egypte gémissait ; et quoique le nom de Sésostris, si cher aux Egyptiens, leur fit supporter la conduite lâche et cruelle de son fils, le fils courait à sa perte ; et un prince si indigne du trône ne pouvait longtemps régner.

62ᵉ SUJET. *Baléazar, roi de Tyr.*

Matière.

Accroissement de la prospérité de Tyr, par la sage conduite du nouveau roi Baléazar, fils du cruel Pygmalion. Il s'appliquait à faire fleurir le commerce, l'agriculture, la navigation. Il ne se confiait qu'à des hommes sages que Pygmalion avait éloignés de son trône ; c'était un père plutôt qu'un roi. Joie des Tyriens d'être gouvernés par un si bon prince.

Synthèse du 62ᵉ sujet.

§ 41. Après la mort de Pygmalion, ce qui contribua surtout à la prospérité de Tyr, c'est que Baléazar ne se laissait pas entraîner par les artifices et par les intrigues des méchants. Les sages conseils de Narbal avaient contribué à le rendre digne de régner. Il faisait fleurir l'agriculture qui, jusqu'alors, avait été négligée ; il regardait ses sujets comme ses enfants, croyant que les dieux ne lui avaient accordé la royauté que pour faire leur bonheur. Il ne songeait qu'à faire refleurir le commerce, autrefois si célèbre à Tyr, qu'à encourager les arts et les sciences utiles à la navigation, et qu'à éloigner de son trône les courtisans artificieux qui lui cachaient la vérité, pour n'écouter que des hommes sages qui présidaient à ses conseils : c'était un père plutôt qu'un roi. Les Tyriens craignaient de le perdre, sa conduite leur faisait oublier Pygmalion qui avait été si cruel. Baléazar était chéri de ses sujets, et un gouvernement si modéré ne pouvait manquer de s'établir sur une base solide.

63e SUJET. *Portrait d'une épouse vertueuse* (fragment). *Sur le portrait de Bocchoris* (imitation libre).

Matière.

Dorval a perdu son épouse. Elle possédait d'excellentes qualités qu'elle devait à l'éducation que sa mère lui avait donnée. Prudente, elle conseillait ceux qui avaient plus d'expérience qu'elle; elle suivait surtout les conseils de son époux et de ceux qui avaient la confiance de sa mère. Ses enfants et ses amis ressentaient les effets de son bon caractère.

Synthèse du 63e sujet.

§ 41. Ce qui augmenta encore la douleur de Dorval, c'est que l'épouse qu'il venait de perdre réunissait toutes les bonnes qualités; elle était bienfaisante et bonne pour tous, elle avait beaucoup d'estime pour les personnes vertueuses, et un attachement inaltérable pour tous les membres de sa famille. Sa vertueuse mère avait fait elle-même son éducation, et elle avait achevé d'affermir les heureuses dispositions de cette fille bien-aimée, qui fut dans la suite, si digne d'élever à son tour sa famille. Elle était assez prudente pour consulter toujours les personnes plus expérimentées qu'elle : modeste et sensée, elle ne songeait qu'à suivre les conseils de son époux et de ceux qui avaient eu la confiance de sa mère. Elle faisait le bonheur de tout ce qui l'entourait. Ses enfants étaient toujours joyeux, et lorsqu'une légère querelle venait un instant altérer leur joie, le nom seul de cette mère chérie faisait disparaître tout nuage.

(Du pensionnat des demoiselles Jottrand, à Namur.)

64ᵉ SUJET. Liv. II, § 41. *Portrait d'une femme ver-*
tueuse (fragment). Sur le portrait de Bocchoris.

Matière.

Elise est bonne et compatissante ; aimable et douce
comme sa mère, dont elle suit l'exemple ; charitable, docile et prudente, elle est chérie et estimée de
tous.

Synthèse du 64ᵉ sujet.

Elise ne montre jamais ni dédain pour ses inférieurs, ni dureté envers les pauvres ; elle est bonne et
compatissante pour ceux qui sont à son service.
L'exemple de sa vertueuse mère a contribué à la
rendre si aimable et si douce ; elle a compris le
bonheur d'imiter un si beau modèle.

Elle ne songe qu'à faire des heureux, qu'à partager sa bourse avec les pauvres ; elle ne dédaigne
jamais le conseil des personnes sages et expérimentées, et elle ne s'entoure que d'amis sûrs qui ont la
confiance de sa famille. C'est un ange qui répand
partout ses bienfaits. Tous les habitants des environs l'estiment et la chérissent.

THÈME.

Liv. II, § 42.

42. Il ne me fut plus permis d'espérer mon retour en
Ithaque. Je demeurai dans une tour sur le bord de la mer,
auprès de Péluse, où notre embarquement devait se faire,
si Sésostris ne fut mort. Métophis avait eu l'adresse de sortir
de prison, et de se rétablir auprès du nouveau roi : il
m'avait fait renfermer dans cette tour pour se venger de la
disgrâce que je lui avais causée. Je passais les jours et les
nuits dans une profonde tristesse : tout ce que Termosiris
m'avait prédit et tout ce que j'avais entendu dans la caverne
ne me paraissait plus qu'un songe ; j'étais abîmé dans la
plus amère douleur. Je voyais les vagues qui venaient battre
le pied de la tour où j'étais prisonnier : souvent je m'occupais à considérer des vaisseaux agités par la tempête, qui
étaient en danger d'être brisés contre les rochers sur les-

quels la tour était bâtie. Loin de plaindre ces hommes menacés du naufrage, j'enviais leur sort. Bientôt disais-je en moi-même, ils finiront les malheurs de leur vie, ou ils arriveront en leur pays. Hélas! je ne puis espérer ni l'un ni l'autre.

65ᵉ sujet. *Philoctète abandonné par les Grecs.*

Matière.

(Voir les faits, liv. XV, § 12 et suivants.)

Synthèse du 65ᵉ sujet.

§ 4a. Il ne me fut plus permis d'espérer mon retour en Thessalie. J'habitais, sur le bord de la mer, un antre, près du lieu où les Grecs m'avaient abandonné, et où j'avais vu leur flotte, fendant les ondes, disparaître à mes yeux. Ulysse avait persuadé aux Grecs de m'abandonner et d'entreprendre seuls le siége de Troie. Ils me laissèrent dans cette île déserte, afin que l'infection de ma plaie ne se répandît plus dans le camp. Je souffrais d'horribles douleurs : toute l'amitié qu'Hercule m'avait prodiguée, et tout mon bonheur passé ne me paraissaient plus qu'un songe. J'étais abîmé dans la plus amère douleur. Je voyais ma plaie dont le mal augmentait de jour en jour. Souvent je m'occupais à chercher des plantes croissant dans cette île, et qui avaient la vertu de calmer les souffrances. Loin d'aimer la vie qui m'était si amère, je désirais la mort : maintenant, me disais-je souvent, les Grecs jouissent de leur gloire aux pieds des murailles de Troie, ou bien ils vivent heureux dans leur famille. Hélas! je ne puis espérer ni l'un ni l'autre.

THÈME.

Liv. II, § 46.

46. Je me souviendrai toute ma vie d'avoir vu cette tête qui nageait dans le sang, ces yeux fermés et éteints, ce visage pâle et défiguré, cette bouche entr'ouverte qui semblait vouloir encore achever des paroles commencées,

cet air superbe et menaçant que la mort n'avait pu effacer. Toute ma vie il sera peint devant mes yeux, et si jamais les dieux me faisaient régner, je n'oublierais point, après un si funeste exemple, qu'un roi n'est digne de commander et n'est heureux dans sa puissance, qu'autant qu'il la soumet à la raison. Eh ! quel malheur pour un homme destiné à faire le bonheur public, de n'être le maître de tant d'hommes que pour les rendre malheureux !

66ᵉ SUJET. *Le sommeil d'un enfant* (fragment).

Matière.

Gracieuse petite créature endormie sur la mousse, ses yeux à demi fermés, sa fraîcheur ; sa bouche entr'ouverte et les jolies dents qu'elle laisse voir, son air heureux.

Synthèse du 66ᵉ sujet.

Je me rappellerai toujours avec plaisir d'avoir vu cette gracieuse petite créature endormie sur la mousse ; ses beaux yeux bleus à demi fermés ; ses joues fraîches et roses ; sa bouche entr'ouverte et qui laissait voir une rangée de petites dents aussi blanches que l'ivoire ; son air doux et riant et qui trahissait un heureux rêve !

Toute ma vie j'aurai présent à ma mémoire le souvenir du sommeil de l'innocence et si jamais l'on venait me vanter le bonheur des méchants, je ne pourrais croire que parmi les hommes vicieux, il en est un seul qui ferme les yeux en paix. Quel enseignement touchant que cet enfant si calme et si noble dans son sommeil, comparé à l'ambitieux qui ne dort point sans souffrir de pénibles agitations !

67ᵉ SUJET. *L'heureuse mère.*

Matière.

Spectacle d'une bonne mère entourée de ses heureux enfants ; digne d'être imitée par les mères qui comprennent les devoirs de leur état, et qui veulent goûter le véritable bonheur.

Synthèse du 67e sujet.

Je me souviendrai longtemps du jour où je vis Félicie entourée de ses jolies enfants. Ses yeux respiraient la bonté et la tendresse; son visage était radieux, le sourire régnait sur ses lèvres et semblait exprimer ce qui se passait dans son cœur, elle avait un air heureux et content qu'aucun souci ne venait traverser. Toute ma vie ce tableau sera peint devant mes yeux, et si jamais je me trouve à la tête d'une famille, je n'oublierai point, après un si bel exemple, qu'une mère n'est digne de ce titre et n'est heureuse dans son ménage, qu'autant qu'elle remplit les devoirs de son état. Oh! quelle félicité pour une mère adorée de ses heureux enfants, de leur avoir donné les vertus et les talents qui en font l'ornement de la société.

68e **SUJET.** *Comment on s'instruit* (lettre).

Sur la manière dont on apprend à être discret.

« Les amis de mon père eurent soin, etc.» (liv. II § 8).

Matière.

Soins des parents à exercer de bonne heure la mémoire et le jugement du jeune Adolphe. — Livres instructifs qu'on lui mettait entre les mains. — Auteur dont on lui faisait rendre compte.—Ses progrès. — Sa constance à vaincre les difficultés. — Son zèle porté au point de prendre trop peu d'exercice. — Profit qu'il tirait de ses promenades mêmes.

Synthèse du 68e sujet.

Tu désires connaître les causes de la précocité du jeune Adolphe; elles sont toutes simples. Ses parents

eurent soin d'exercer de bonne heure sa mémoire et
son jugement. Il avait à peine sept ans, que déjà on
lui mettait entre les mains des livres sérieux et instructifs qu'il comprenait et qu'il lisait avec plaisir.
Aussi, bientôt on ne le traita plus en enfant : on lui
parlait des meilleurs auteurs qu'il avait lus ; on lui
faisait rendre compte de ses lectures en lui deman-
dant son sentiment. Il était ravi de cette manière d'a-
gir de ses maîtres et de ses parents, et il le leur prou-
vait par ses progrès. Jamais il ne se laissa rebuter par
les difficultés ; jamais il ne remit un devoir au lendemain. Souvent ses parents croyaient devoir l'engager à se délasser, craignant qu'un enfant qui prend
trop peu d'exercice ne pût se développer physique-
ment ; mais il savait bien se récréer sans cesse de s'instruire en observant, dans ses promenades, tout ce qui
s'offrait à sa vue.

69e SUJET. *Portrait d'une femme vaine et frivole.*

Sur le portrait de Pygmalion (imitation libre).

« On ne le voit presque jamais, etc. » (liv. III,
§ 12).

Matière.

Rosalie ne songe qu'aux plaisirs et aux fêtes qu'elle
donne. — Des flatteurs intéressés l'entourent. Elle a
sans cesse de nouvelles toilettes. Elle ignore la vraie
amitié. — Coquette, elle est avide de plaire ; chagrine, lorsqu'on ne s'occupe pas d'elle : elle n'est pas
heureuse.

Synthèse du 69e sujet.

Rosalie recherche sans cesse les plaisirs ; on ne la
voit presque jamais seule ; elle est continuellement
entourée de flatteurs qui cherchent à captiver son
amitié, non par affection pour sa personne, mais
pour être admis aux fêtes qu'elle donne chaque se-
maine.

Nombre de marchandes de modes, de couturières viennent à chaque instant essayer des chapeaux, des robes, des corsets à Rosalie, dont le temps, ce destructeur impitoyable a déjà altéré les traits.

Lancée dans le tourbillon du monde, elle ne connaît ni les plaisirs simples et doux de la vie, ni l'amitié encore plus douce; son cœur égoïste et froid refuse tout épanchement pour rechercher les fausses louanges, les compliments apprêtés des personnes qui sont intéressées à la flatter.

Sa figure prend toutes les expressions qu'elle veut lui donner. S'aperçoit-elle que sa présence ne fait aucune sensation, qu'on n'admire pas sa brillante parure, alors elle a recours à tous les artifices de la coquetterie; avide de plaire, il n'est rien qu'elle n'invente pour qu'on s'occupe d'elle.

Quelquefois, elle entre dans une profonde douleur; elle ne parle plus, elle répand des larmes, larmes d'envie qui brûlent ses paupières enflammées; elle tire de sa poitrine de profonds soupirs. L'insensée ne peut cacher le vice affreux de la jalousie qui la dévore, qui fait le tourment de toute sa vie, et qui ne lui laisse aucun moment de repos.

Oh! n'imitons point cette femme vaine et envieuse! Elle pourrait posséder toutes les qualités qui font une personne estimable; sans de sottes prétentions, elle eut été aimée, estimée de ceux qui ne font que la tourner en ridicule. N'oublions pas qu'une femme n'est estimée et ne fait le charme de la société qu'autant qu'elle est simple, bonne et modeste.

Sur ce même § 22 du liv. III, on pourrait également traiter *le nouvelliste*, — *le fat*, — *le faux ami*, — *l'importun*.

THÈME.

Désespoir de Calypso. Imprécations.

Liv. vii, § 22, 23. Il ne me sert donc de rien d'avoir voulu troubler ces deux amants, en déclarant que je veux être de cette chasse!

Plan.

1° La cause des imprécations;

Est-ce donc ainsi, ô jeune téméraire, que tu es venu... ? N'es-tu entré dans cette île, etc.

2° L'invocation;

O divinité de l'Olympe et du Styx, écoutez une malheureuse déesse! etc.

3° Les souhaits;

Puisses-tu souffrir des maux encore plus longs et plus cruels que les siens! etc.

4° Le sentiment;

Elle en aura le cœur déchiré, et son désespoir fera mon bonheur, etc.

70ᵉ sujet. *Désespoir de Satan après sa chute.*

Matière.

Lucifer a voulu détrôner le roi du ciel; désespoir d'avoir échoué; nouveau mouvement d'orgueil; sentiment d'impuissance; apostrophe à la jalousie et à l'orgueil; accablement; invectives contre la divinité; regret.

Synthèse du 70e sujet.

Il ne me sert donc de rien d'avoir voulu détrôner le roi du ciel, en me révoltant contre son autorité suprême! Que ferai-je? Retournerai-je dans le ciel en suppliant, faire servir ma honte à relever sa gloire? Faudra-t-il que tous les esprits célestes, en me voyant en cet état de misère, soient encore plus attachés à leur Dieu? O malheureux! qu'ai-je fait? Non, je n'y retournerai pas! Ils n'y insulteront pas à mon malheur; je saurai bien les en empêcher. Je vais trouver mes compagnons d'infortune, je réveillerai dans leurs cœurs cette audace qu'ils montrèrent lorsqu'ils combattirent sous ma bannière. Nous chasserons de ces heureuses demeures ce tyran superbe. Mais que dis-je? où suis-je, que reste-t-il à faire? O cruelle jalousie! jalousie, tu m'as trompé! O perfide orgueil! maudit orgueil, je n'avais écouté tes pernicieux conseils que dans l'espérance de régner en maître dans ce séjour de bonheur, et tu n'as porté dans mon cœr que misère et que désespoir. J'ai révolté contre moi tous les esprits du ciel. Mon esprit immortel ne me sert plus qu'à rendre mon malheur éternel. Oh! si j'étais libre de me donner la mort pour finir mes maux! Dieu! il faut que je trouble ton repos jusque sur ton trône, puisque je ne puis plus espérer de m'y asseoir. Je me vengerai de ta cruauté; tes anges le verront; je t'attaquerai devant eux! Mais je m'égare. O malheureux Lucifer, que veux-tu? irriter de nouveau la justice d'un Dieu qui t'a précipité dans cet abîme de misères. C'est moi qui ai allumé le flambeau de la rébellion dans ce séjour de paix et de bonheur. Quelle bonté! quelle douceur! quels sublimes attributs dans ce Dieu que j'ai offensé! Fallait-il irriter celui à qui je devais tout? Il eut régné! Eh! ne faudra-t-il pas qu'il règne, et que je ressente à jamais tout le poids de sa vengeance; non, non, je ne souffre que ce que j'ai bien mérité. Règne, Dieu du ciel, règne en paix! laisse Lucifer sans consolation, sans repos, ne pouvant supporter la vie ni trouver la mort: laisse-le inconsolable, couvert de honte, désespéré, avec tous ses tourments!　　　　　　　(De S.)

171° SUJET. *Reproches d'une petite fille à sa compagne; sur le discours des Manduriens à Idoménée.*

Liv. x, § 5. O roi, nous tenons, comme tu vois.....

Matière.

Juliette, d'un caractère boudeur, a des prétentions, parce que son instruction est plus avancée que celle de ses compagnes ; celles-ci cèdent trop souvent à ses caprices. Lasses d'un état de choses qui trouble leurs plaisirs, elles la préviennent une dernière fois que si elle ne se corrige, elle sera exclue des jeux.

(Synthèse du 71e sujet.)

Juliette, tu le sais, nous te laissons toujours libre de partager nos jeux ou de rester seule, boudeuse dans un coin. Reste-là, ou viens avec nous, comme tu voudras. Nous aimerions pourtant mieux que tu vinsses, car il n'y a rien de si pénible que d'être toujours en querelle ; c'est pour cela que nous cédons si souvent à tes caprices, et que nous nous livrons, pour te faire plaisir, pendant presque toutes les récréations, à des jeux qui ne nous plaisent pas. Nous détestons les discussions qui viennent toujours troubler nos plaisirs, et encore plus les bouderies qui en sont la suite. Si tu as envie de continuer ainsi, nous finirons par nous lasser tout-à-fait de ton caractère impérieux et brouillon, et nous te laisserons-là. Si tu n'as tant de caprices et de prétentions que parce que tu es un peu plus instruite que les autres, j'aime mieux rester ignorante comme je suis. Nous ne sommes pas aussi savantes que toi, c'est vrai ; mais nous sommes bonnes et complaisantes entre nous, et nous nous entendons toujours bien quand tu n'y es pas : nous nous amusons gaiement et tranquillement ; nous cherchons à nous être agréables les unes aux autres. Pour bien achever nos journées, nous avons décidé que tous les soirs nous jouerions des charades et des proverbes : pour la dernière fois, ma chère amie, nous venons t'offrir d'être des nôtres : si tes prétentions vont jusqu'à te faire repousser nos avances, tu ap-

prendras à tes dépens qu'on peut se passer de toi , et
si nous t'avons tant priée , c'était par amitié , et non
parce que nous avions besoin de toi, comme tu te l'es
toujours figuré.

(Du pensionnat des demoiselles JOTTRAND ,
à Namur.)

SUJETS A TRAITER.

Synthèse par analogie.

Liv. ii, § 5, n° 1. *Éloge de l'élève studieux.* Heureux l'élève qui est laborieux et obéit à ses maîtres.....
C'est ainsi que tout jeune homme bien né..... Les
mauvais écoliers qui ne songent qu'à.....

§ 8, n° 2. *Éloge d'un tableau.* Ensuite mon père
me conduisit au Musée royal. Il me fit remarquer.....
Le nombre des..... Il admirait..... composition,.....
dessin;..... couleur....., etc. Il ne se laissait point.....
Heureux... l'artiste, disait-il, heureuse la nation qui...
Elle domine plus par....., que.....

§ 10, n° 3. *Description d'une métairie.* Aussitôt
que nous fûmes arrivés à Sully, jolie petite ville sur
la Loire, M. *Suffit* nous proposa d'aller jusqu'aux
Burgevins, sa métairie..... nous remontâmes le *Beu-*
vron..... etc..... Cette ferme..... maison du fermier.... grange..... écuries..... prairies..... vergers:..... etc.

Sur le même paragraphe : on pourra décrire.
N° 4, *une promenade publique.*
N° 5, *une ville.*
N° 6, *la maison qu'on habite.*

Remarque.

Pour divers autres sujets de composition de synthèse par analogie, voyez ci-après, à la fin du
volume.

DEUXIÈME PARTIE.

SYNTHÈSE PAR DÉDUCTION.

PREMIÈRE SECTION.

PENSÉES DÉTACHÉES.

La synthèse par déduction consiste à exercer le
élèves à concevoir, à déduire *d'un fait particulier
une pensée*, ou une suite de pensées *générales* qui leur
sont inspirées par l'examen et par l'étude de ce fait
isolé. Ils doivent apprendre en outre, par ce travail,
à exprimer leurs conceptions.

L'habitude de généraliser, d'aller du particulier
au général, forme le jugement, développe l'imagination et ne peut manquer d'exercer la plus heureuse influence sur la suite des études. Les bons effets s'en feront surtout sentir en rhétorique où l'é-
lève, pour réussir, a besoin de la connaissance de
l'homme moral, connaissance que cet exercice ne
contribuera pas peu à lui faire acquérir.

La synthèse par déduction a lieu de deux manières :
1º par *pensées détachées* et par *pensées enchaînées* ou
amplifications motivées. Pour pratiquer cet exercice,
le maître indique un passage de Télémaque à la méditation de ses élèves, et les dirige comme il suit, les
premières fois. Télémaque étant un livre où chaque
paragraphe du récit comporte une pensée essentielle-
ment morale, chaque paragraphe peut fournir une
synthèse déduite des faits qui y sont contenus. En
donnant les spécimens qui suivent, appliqués au li-
vre-modèle du sage et habile Fénelon, quoique ce li-

vre soit un *chef-d'œuvre*, nous n'avons pas l'intention d'être exclusifs. Ce genre de travail peut être
fait avec succès d'après tout beau livre d'histoire ou
autre. Nous n'ambitionnons qu'un succès; d'exposer
suffisamment par ce travail une marche qui dirige le
maître dans une voie éprouvée déja sans doute, par
plusieurs pédagogues habiles et de nouveau par nous;
d'associer au tribut faible peut-être de notre expérience, les maîtres et les parents qui désirent accoutumer leurs élèves ou leurs enfants à bien *savoir*
les choses et à en tirer des *conséquences pratiques et
utiles;* deux points qui constituent l'*instruction* et l'*é-
ducation* ; nous fournissons donc ici une suite de
nombreux exemples.

Premier fait.

Calypso ne pouvait se consoler du départ d'Ulysse.

Le maître s'adressant à l'un des élèves: Généralisez.

L'élève : Un ami se console difficilement du départ de son ami.

Le maître : Motivez cette réflexion.

L'élève : Elle m'est venue à l'esprit en voyant que
Calypso ne pouvait se consoler du départ d'Ulysse.

Le maître : Généralisez davantage; employez des
mots d'une acception plus générale que *départ* et
ami.

L'élève : L'homme ne peut se consoler de la perte
d'un bien qui semblait faire son bonheur.

Le maître : Motivez. — L'élève. Cette réflexion
m'a été inspirée par le même fait que la précédente,
le *départ d'Ulysse* ; l'expression *la perte d'un bien*,
que j'ai employée, est plus générale que *le départ
d'un ami*, puisqu'elle peut désigner aussi la perte
d'une maison, d'une dignité, d'un trésor, etc.

6.

Un autre élève : La douleur est un sentiment pénible qui résiste quelquefois à tous les efforts que nous faisons pour le dominer.

Le Maître. Motivez cette réflexion; qu'est-ce qui vous l'a suggérée?

L'élève : Ce sont les mots *ne pouvait*; Calypso ne pouvait se consoler, ne pouvait dominer le sentiment de sa douleur.

Un troisième élève : Souvent l'âme cherche au-dedans d'elle-même des remèdes à ses maux.

Motivez : — Cette pensée m'a été suggérée par les mots *se consoler*; Calypso cherchait en vain des consolations en elle-même.

Un quatrième élève : Malheur à l'homme qui fait dépendre tout son bonheur uniquement de ses semblables.

Motivez : Cette réflexion s'est présentée à moi en remarquant que l'absence d'Ulysse rendait Calypso malheureuse.

Réflexions.

Quelque fait analogue a inspiré la même réflexion à l'auteur de l'*Imitation* : *Vanus est qui spem suam ponit in hominibus aut in creaturis.* Celui-là est bien vain, qui met son espérance dans les hommes ou dans quelque créature que ce soit (liv. 1, chap. 7). C'est la même pensée.

Second fait.

Dans sa douleur, elle se trouvait malheureuse d'être immortelle. Pag. 21.

Un élève : Le malheur ne choisit point ses victimes.

Le maître : Motivez. — L'élève : Calypso était immortelle.

Un autre élève : L'élévation ne met point à l'abri du malheur.

LE MAÎTRE : Motivez — L'ÉLÈVE : Calypso, qui était déesse, paraissait devoir être à l'abri des atteintes de l'infortune (1).

UN AUTRE ÉLÈVE : Ce qui fait notre bonheur dans un temps, peut faire notre malheur dans un autre.

MOTIVEZ : —C'était d'être *immortelle* que Calypso se trouvait malheureuse (2) :

— Le malheur change nos goûts, et nous rend comme insensibles.

MOTIVEZ : — Calypso ne chantait plus.

— Le malheur inspire le respect.

— La douleur des grands impose aux inférieurs un respect silencieux.

— L'isolement est une des douleurs des grands de la terre.

— La douleur, comme une contagion, se répand dans tous les cœurs unis par l'amitié.

MOTIVEZ : — Les nymphes n'osaient lui parler.

— L'homme affligé cherche la solitude.

MOTIVEZ : — Elle se promenait souvent seule,

— 1° La nature est impuissante à modérer les passions des hommes ;

— 2° La douleur rend l'homme insensible aux beautés de la nature.

MOTIVEZ : — Ces beaux lieux loin de modérer sa douleur.

— 1° Sans la mémoire, nos peines et nos plaisirs n'auraient qu'un instant ;

---

(1) Mais : *nemo est in mundo sine aliquâ tribulatione vel angustiâ quamvis sit rex vel papa.* Il n'y a personne en ce monde, fût-il roi ou pape, qui n'ait quelque affliction ou quelque traverse (Imit., liv. 1, chap. 22).

(2) *Ex eâdem namque re undè sibi delectationem concipiunt, indè doloris pœnam frequentèr recipiunt.* Les choses mêmes qui font leur joie, leur causent souvent de la peine et de la douleur (Imit., liv. III, ch. 12).

— 2° Tel objet qui nous charme au sein du bonheur alimente nos peines lorsque le malheur vient nous visiter ;

— 3° L'image du bonheur passé augmente le malheur présent.

MOTIVEZ : — Ces beaux lieux... ne faisaient que lui rappeler le triste souvenir d'Ulysse.

— 1° Quelle que soit la douleur que cause la perte d'un ami, l'âme sensible ne cherche point à s'en distraire ;

— 2° La force du sentiment prive quelquefois l'homme de ses facultés.

MOTIVEZ : — Souvent elle demeurait immobile sur...

— Les larmes d'un cœur affligé coulent abondamment dans la solitude.

MOTIVEZ : — Calypso se promenait seule sur le rivage de la mer qu'elle arrosait de ses larmes.

— Un instinct cruel porte l'homme affligé vers les objets propres à alimenter sa douleur.

MOTIVEZ : — Calypso était sans cesse tournée vers le côté où le vaisseau d'Ulysse avait disparu à ses yeux.

Troisième fait.

Liv. 1 § 2. Tout à coup elle apperçut les débris d'un navire qui venait de faire naufrage, des bancs de rameurs mis en pièces, des rames écartées çà et là sur le sable, un gouvernail, un mât, des cordages flottants sur la côte......... La déesse comprit que c'était Télémaque. Pag. 40.

— La première vue d'un objet ne nous permet point d'en remarquer les détails, mais bientôt l'esprit l'analyse et en discerne jusqu'aux moindres parties.

MOTIVEZ : — Calypso ne voit d'abord que les débris d'un navire : puis elle remarque des bancs, des rames, un gouvernail, un mât, des cordages.

— L'esprit est porté à remonter des effets aux causes.

MOTIVEZ : — Les bancs des rameurs mis en pièces, le mât, etc., font penser à Calypso qu'un navire a fait naufrage.

— Le temps laisse sur l'homme des signes de son passage.

MOTIVEZ : — Mentor paraissait âgé.

— La mémoire permet à l'intelligence de comparer les choses présentes aux absentes, et de découvrir l'inconnu à l'aide d'un connu antérieur.

— La mémoire permet à l'homme de retourner en quelque sorte dans le passé.

MOTIVEZ : — La mémoire mit Calypso en état de comparer à Ulysse absent, le jeune homme qu'elle voyait la première fois : elle découvrit que c'était Télémaque qu'elle ne connaissait pas, en le comparant à Ulysse qu'elle connaissait.

— Il y a des choses que Dieu permet à l'homme de découvrir, et d'autres qu'il lui cache dans sa sagesse.

MOTIVEZ :—Calyso comprit que c'était Télémaque; mais elle ne put découvrir qui était Mentor.

Quatrième fait.

Cependant Calypso se réjouissait d'un naufrage qui mettait dans son île le fils d'Ulysse, si semblable à son père........ Pag. 46.

— 1° Le méchant se réjouit du malheur d'autrui, lorsqu'il en résulte pour lui quelque avantage.

2° Ce qui est contraire à l'un est quelquefois favorable à un autre.

MOTIVEZ :—Calypso se réjouissait d'un naufrage qui mettait dans son île le fils d'Ulysse.

—Telle est la faiblesse de l'homme que les apparences lui paraissent parfois aussi précieuses que la réalité.

MOTIVEZ : — Si semblable à son père.

— Les apparences sont souvent trompeuses.

MOTIVEZ : — Sans faire semblant de savoir qu'il est.

— La bouche n'exprime pas toujours les sentiments du cœur.

MOTIVEZ : — Sachez qu'on ne vient point impunément dans mon empire.

— 1° La dissimulation s'efforce souvent en vain de violer la vérité.

— 2° Le visage est le miroir de l'âme.

MOTIVEZ : — La joie de son cœur éclatait malgré elle sur son visage.

Cinquième fait.

Télémaque lui répondit : O vous, qui que vous soyez, mortelle ou déesse, quoi qu'à vous voir on ne puisse vous prendre que pour une divinité...... Pag. 46.

— 1° La nécessité rend flatteur.

— 2° Il est une chose qu'on ne doit point craindre d'exagérer un peu, c'est l'éloge de la personne de qui l'on sollicite une faveur.

MOTIVEZ : — Quoiqu'à vous voir on ne puisse vous prendre que pour une divinité.

— L'homme qui ne craint point d'affronter les dangers de la mer, est quelquefois cruellement puni de sa témérité.

MOTIVEZ : — Télémaque, en cherchant son père à la merci des vents et des flots, a fait naufrage.

— Le faible se brise contre le fort.

MOTIVEZ : — Télémaque a vu briser son navire contre les rochers de Calypso.

Sixième fait.

Calypso étonnée et attendrie de voir dans une si vive jeunesse tant de sagesse et d'éloquence, ne pouvait rassasier ses yeux en le regardant, et elle demeurait en silence....... Pag. 49.

— L'amitié est indulgente, elle voit des vertus et

des talents là où un ennemi né reconnaîtrait que des vices.

MOTIVEZ : — Calypso est étonnée et attendrie de voir en Télémaque tant de sagesse. Mentor ne voyait là que de l'imprudence, de la témérité.

— Si les grandes qualités de l'esprit et du cœur excitent l'admiration, elles attendrissent et subjuguent quand elles sont le partage de la jeunesse.

MOTIVEZ : — Qualités de l'esprit : Télémaque était éloquent. Qualités du cœur : sa piété filiale lui avait fait entreprendre un long voyage.

— Combien le silence est parfois éloquent !

MOTIVEZ : — Calypso étonnée et attendrie demeurait en silence.

— Le silence est le signe de la douleur, de l'étonnement et de l'attendrissement. C'est aussi le signe de la modestie.

MOTIVEZ : — Signe *de la douleur* : Calypso se promenait seule en silence, et les nymphes n'osaient lui parler ; quand Télémaque quitta Narbal, ils s'embrassèrent en silence (liv. III, § 44). Le signe de l'*étonnement* et de l'*attendrissement* : Calypso étonnée et attendrie..... demeurait en silence. Le signe de la *modestie* : Mentor gardait un modeste silence, § 6.

— L'espoir d'un grand bien est souvent accompagné de quelque inquiétude.

Je ferai votre bonheur, *pourvu que...*

Septième fait.

Télémaque suivait la déesse...... Il admirait la riche pourpre de sa robe longue et flottante, ses cheveux noués par derrière négligemment mais avec grâce, le feu qui sortait de ses yeux, et la douceur qui tempérait cette vivacité, Pag. 55. Mentor les yeux baissés suivait Télémaque.

— La jeunesse s'abandonne souvent sans réflexion à un premier mouvement.

MOTIVEZ : — Télémaque suivait Calypso sans consulter Mentor, admirant la riche pourpre, etc.

—L'homme aime les contrastes.

MOTIVEZ :—Télémaque admirait la douceur qui tempérait *cette vivacité*.

— L'inexpérience est présomptueuse, le mérite modeste.

MOTIVEZ :— Mentor suivait Télémaque qui le précédait par conséquent.

—La modestie est une sorte de retenue dans le maintien, les paroles et les actions.

MOTIVEZ : Mentor, les yeux baissés, gardant un silence modeste suivait Télémaque : *les yeux baissés*, c'est une retenue dans le maintien ; *gardait le silence*, c'est une retenue dans les pensées; *suivait Télémaque*, c'est une retenue dans les actions.

Huitième fait. Liv. 1, § 7.

Télémaque fut surpris de voir avec une apparence de simplicité rustique des objets propres à charmer les yeux...

— La surprise double la jouissance.

MOTIVEZ : — Télémaque fut *surpris* de voir, avec une apparence de simplicité rustique, tout ce qui peut charmer les yeux.

— 1° L'art le plus fastueux ne saurait primer les simples beautés de la nature.

— 2° La nature a des grâces que rien ne saurait imiter.

MOTIVEZ : Tout ce qui peut charmer les yeux.

— Les objets les plus futiles, pourvu qu'ils aient de l'éclat, flattent la vanité.

MOTIVEZ : Télémaque voyant qu'on lui avait destiné une tunique d'une laine fine..... prit le plaisir...., § 10, pag. 61.

Neuvième fait. Liv. 1, § 11.

Mentor lui dit d'un ton grave : Est-ce donc là, ô Télémaque, les pensées qui doivent occuper le cœur du fils d'Ulysse ?...... Pag. 61.

— L'amitié sincère est seule capable de donner des conseils pénibles à entendre. *Ou bien*, on reconnaît souvent le véritable ami à la sévérité de ses conseils.

MOTIVEZ : — Mentor lui dit d'un ton grave : Est-ce donc là...

Dixième fait. Liv. 1, § 12.

Télémaque répondit en soupirant....... Pag. 61.

— C'est le propre d'un jeune homme bien élevé que d'être sensible aux reproches.

Télémaque répondit en soupirant, § 12.

Onzième fait. Liv. 1, § 13.

Craignez, répartit Mentor, qu'elle ne vous accable de maux.

— Rien n'est plus précieux pour un jeune homme que l'amitié d'un sage vieillard.

MOTIVEZ : — Craignez, répartit Mentor, etc.

— Rien n'excite plus la sympathie que les signes extérieurs de la sensibilité.

Les larmes.... donnèrent un nouveau lustre à sa beauté, § 15, pag. 66.

— Rien n'est sacré pour l'homme poussé par l'intérêt : il foule aux pieds les sentiments les plus nobles ; l'amour même de la patrie n'est, à ses yeux, qu'une vaine passion ; il n'épargne, pour atteindre son but, ni flatteries, ni fausses promesses, ni insinuations trompeuses.

Calypso dit à Télémaque : l'aveugle passion de retourner dans sa misérable patrie... Elle le flatte en l'appelant *fils du grand Ulysse ;* après son naufrage :

vous n'avez *plus rien à espérer*, est une insinuation trompeuse; *vous trouvez ici une divinité prête à vous rendre heureux*, une fausse promesse, § 16, pag. 72.

— L'artifice se dévoile souvent par les précautions mêmes dont il s'entoure.

La déesse ajouta à ces paroles de longs discours... Télémaque reconnut enfin son artifice, § 18, pag. 75.

— Rien ne blesse comme une illusion détruite.

Télémaque répondit en peu de mots : peut-être que dans la suite j'aurai assez de force, § 18.

— Trop de confiance expose à de cruelles déceptions.

Reconnut enfin son artifice, § 18.

— Un sentiment vrai et profond inspire le respect.

Calypso n'osa le presser davantage, § 19, pag. 77.

— L'artificieux ne se rebute point pour un échec.

Mais pour mieux connaître les moyens de... elle lui demanda, § 19.

— La persévérance triomphe des obstacles.

Non non, il me tarde... hâtez-vous... enfin il ne peut lui résister, § 19.

— On trouve toujours des raisons pour pallier une faute.

J'étais parti d'Ithaque pour aller demander... des nouvelles de mon père, § 20, pag. 78.

— La jeunesse n'écoute souvent que les conseils de la passion.

Ces paroles étaient salutaires, mais je n'étais pas assez sage par les écouter, § 21, pag. 80.

— La véritable amitié est le plus désintéressé des sentiments.

Mentor m'aima jusqu'à me suivre dans un voyage téméraire que j'entreprenais contre ses conseils.

— 1° Les revers sont d'excellents maîtres.

— 2° Les mauvais succès sont les seuls maîtres qui puissent nous reprendre utilement et nous arracher l'aveu d'avoir failli, qui coûte tant à notre orgueil. (Bossuet, Oraison funèbre de la reine de la Grande-Bretagne.)

Les dieux permirent que je fisse une faute qui devait servir à me corriger, § 21.

— Rien ne déconcerte l'artificieux comme la présence d'un homme sage.

Calypso regardait Mentor, elle était étonnée... elle demeurait pleine de crainte et de défiance... elle appréhenda de laisser voir son trouble, § 22.

1° L'expérience est souvent le fruit tardif de nos fautes.

2° Ce qu'une judicieuse prévoyance n'a pu mettre dans l'esprit des hommes, une maîtresse plus impérieuse, je veux dire l'expérience, les a forcés de le croire. (Bossuet.)

Alors je compris, mais trop tard, ce que l'ardeur d'une jeunesse imprudente m'avait empêché de considérer attentivement, § 23.

— Rien ne ranime plus le courage ébranlé par l'imminence du péril, que la vue d'un homme intrépide.

Mentor parut ferme et intrépide... Je sentais qu'il m'inspirait une force invincible, § 23.

— Il y a plus de courage à mépriser le danger qu'à le braver.

Quand on y est, il ne reste plus qu'à le mépriser.

— Que les revers inspirent de bonnes résolutions!

Oh! si jamais nous échappons de cette tempête, je me défierai de moi-même.

— Défiez-vous d'une résolution prise dans un moment d'enthousiasme.

Mais quand le péril sera passé, la présomption reviendra peut-être.

— Les grandes qualités du cœur émeuvent celles de l'esprit, surprennent et étonnent.

La douleur et le courage du sage Mentor me charmèrent, mais je fus encore bien plus surpris, § 24.

— L'homme habile tire parti de tout.

Il remarqua un de leurs vaisseaux... La poupe en était couronnée, etc., § 25.

— Gardons-nous de juger sur la première apparence.

Les habitants crurent que nous étions des étrangers qui venaient s'emparer de leurs terres, § 26.

— 1° Rien n'est aveugle et terrible comme les premiers emportements d'un peuple irrité.

— 2° Qu'il est dangereux de s'abandonner à ses premiers mouvements!

Ils brûlent notre vaisseau dans le premier emportement, ils égorgent tous nos compagnons, § 26.

— La précipitation expose les juges à commettre des injustices.

Aceste sans l'écouter davantage..., ordonna qu'on nous envoyât dans une forêt voisine, où nous servirions en esclaves, § 27.

— 1° L'indignation ne raisonne point.

— 2° Rien n'exclut la prudence comme l'indignation (l'influence d'une passion quelconque).

O Roi! faites nous mourir...

— Le langage de l'indignation est bref et hautain. Sachez que je suis Télémaque, 2.

— 1° Le mépris est plus insupportable que les mauvais traitements.

— 2° Un cœur noble et fier préfère la mort à l'humiliation.

Plutôt que de nous traiter si indignement, § 28.

— C'est un préjugé inhumain que de rendre un fils responsable de la faute de son père.

..... Qu'il fallait faire périr le fils de ce cruel Ulysse..., § 29.

— Il n'est point d'orage que la sagesse et le sang-froid ne parviennent à conjurer.

C'était fait de nous quand Mentor demanda tranquillement à parler au roi, § 31.

— 1° Les hommes sacrifient tout à leur intérêt, même leur ressentiment.

2° L'intérêt est souvent un mobile plus puissant que la voix de la conscience et de la justice.

3° Il n'y a pas de plus puissant argument que l'intérêt.

Si le malheur du jeune Télémaque... ne peut vous toucher, du moins que votre propre intérêt vous touche, § 32.

— La vérité s'exprime avec une assurance telle, qu'une aveugle prévention seule ose la méconnaître.

Aceste fut étonné de ces paroles que Mentor lui disait avec une assurance qu'il n'avait jamais trouvée en aucun homme..... Mais les principaux de la ville...., § 33.

— 1° La haine cède quelquefois à un bienfait.

— 2° Rien ne rapproche mieux les distances que l'intérêt.

J'oublie que vous êtes des Grecs; nos ennemis deviennent nos amis... § 34.

— Souvent la rencontre d'un obstacle imprévu déconcerte.

Ces barbares furent eux-mêmes surpris et déconcertés, § 36.

— 1° Il faut prêcher par l'exemple.

— 2° La meilleure harangue militaire, c'est l'exemple du chef.

Les sujets d'Aceste animés par l'exemple et par les ordres de Mentor, § 36.

— Il y a de l'imprudence à mépriser la faiblesse apparente d'un ennemi.

Il méprisait un ennemi aussi faible que moi, § 36.

— La reconnaissance est un sentiment généreux qui touche l'âme, et lui fait saisir les moyens d'être utile à celui qui en est l'objet.

Aceste touché de reconnaissance nous avertit... Il nous donna un vaisseau..., § 37.

DEUXIÈME SECTION.

PENSÉES ENCHAINÉES, OU AMPLIFICATIONS MOTIVÉES.

La synthèse par analogie a habitué l'élève à suivre un ordre, un plan ; à imiter un bon auteur, dans la construction de ses phrases. Par l'exercice précédent (les pensées détachées) il s'est formé à généraliser, à réfléchir, en un mot, à penser : il doit maintenant s'exercer à écrire sur différents sujets.

Pour arriver à ce résultat, on emploie ordinairement dans les classes le devoir appelé *amplification*. Mais trop souvent il arrive que l'élève n'ayant point de données suffisantes sur le sujet qu'il doit traiter, ne connaissant point assez les *faits* sur lesquels on lui demande des réflexions, prend la fâcheuse habitude de parler en l'air, d'écrire sans rien dire, habitude qui, loin d'épurer son goût et de former son style, lui fait croire qu'il a bien dit quand, sans ordre, sans méthode, il a écrit de longues phrases décousues et sans idées (1). Que pourrait-il dire, en effet, sur *l'envie*, la *dissimulation*, la *flatterie*, si, à son âge, il n'a jamais connu ou remarqué *d'envieux*, d'homme *dissimulé*, *de flatteur* ?

Il n'en est point ainsi de *l'amplification motivée*, où toutes les réflexions sont basées sur des faits préalablement connus. S'il s'agit de faire un discours sur *l'envie*, la *dissimulation*, la *flatterie*, l'élève doit observer dans le Télémaque, qu'une fréquente lecture lui a rendu familier, quels sont les traits qui caractérisent un envieux, un dissimulé, un flatteur ;

___

(1) C'est là le vice ordinaire des compositions littéraires des jeunes demoiselles, dans bon nombre d'institutions.

le suivre dans ses actions, épier toutes ses démarches, être attentif à toutes ses paroles; puis réfléchir, généraliser, dire ce que l'examen des faits a pu lui suggérer. Si l'élève prend ainsi un personnage de son livre pour le faire *poser modèle* devant lui et s'inspirer de sa présence, le portrait qu'il en fait ne peut manquer d'être vrai. Chacune de ses réflexions sera ensuite *motivée* ou *justifiée* par le fait particulier dont elle n'est que l'énoncé général. Il écrira ainsi successivement sur les sentiments, les défauts ou les qualités morales, les vices ou les vertus de tous les personnages du Télémaque.

On conçoit combien cet exercice contribue puissamment à former le jugement et à hâter l'expérience, puisqu'il faut étudier l'homme moral dans l'homme même.

Les amplifications motivées ou *compositions morales* qui suivent sont généralement déduites d'un seul paragraphe du Télémaque, et peuvent être motivées par les faits qu'il contient.

Liv. 1, § 1. Calypso ne pouvait se consoler du départ d'Ulysse; dans sa douleur, etc. (Voir pag. 21).

LE MAITRE : Lisez le premier paragraphe de Télémaque .. Quel *vice*, quelle *vertu*, quelle *qualité morale*, quel *défaut* ou quel *sentiment* pensez-vous que Fénelon ait voulu peindre ici?

L'ÉLÈVE : La douleur.

LE MAITRE : Comment savez-vous que cet ensemble, que ce tableau se nomme *douleur* dans la langue des bons écrivains?

L'ÉLÈVE : Je vois que Fénelon le nomme ainsi en disant : « mais ces beaux lieux loin de modérer sa *douleur*, etc. » (1).

---

(1) Les questions de cette nature sont de la plus haute importance, en ce qu'elles tendent à faire acquérir à l'élève

SYNTHÈSE.

Réflexions déduites des faits du § 1er du liv. 1.

72e SUJET. *La douleur.*

La douleur est un sentiment pénible causé par quelque événement malheureux. L'homme en proie

---

cette propriété d'expression qui caractérise le style des grands écrivains. Quelques observations suffiront pour rendre cette vérité évidente.

Si l'on se trompe rarement sur la valeur des mots qui désignent des objets sensibles, s'il n'y a guère qu'un étranger qui puisse employer indifféremment les mots *canif, couteau, rasoir*, etc., pour désigner un instrument tranchant quelconque, il n'en est pas de même des termes abstraits tels que *sagesse, prudence, étonnement, surprise, danger, péril*, etc., dont on ne peut bien connaître la valeur propre et précise qu'en observant, dans les bons auteurs, l'ensemble de circonstances, le fait avec ses idées accessoires, *le tableau*, enfin, dont ils sont destinés à nous rappeler l'image. Or il se trouve comme nous aurons souvent occasion de le faire remarquer, que, lorsque Fénelon trace un tableau, il en indique presque toujours le mot abstrait : l'officier, auquel Sésostris avait renvoyé l'examen de l'affaire de Télémaque et de Mentor, commet une injustice ; en écoutant Télémaque, le roi découvre, dans la suite, que Méthophis l'a trompé par avarice ; il le condamne à une prison perpétuelle, et lui ôte toutes les richesses qu'il possédait injustement. Bientôt après, Fénelon fait dire à Télémaque (liv. 11, § 42) : « *Méthophis avait eu l'adresse de sortir de prison et de se rétablir auprès du nouveau roi ; il m'avait fait renfermer dans cette tour pour se venger de la* DISGRACE *que je lui avais causée.* » Il suffit de jeter les yeux sur le tableau qui précède, pour savoir, beaucoup mieux que par une définition, ce qu'on nomme *disgrâce* dans la langue de Fénelon. C'est par ce moyen d'ailleurs que nos bons écrivains tels que l'abbé Girard, Beauzée, Roubaud, etc., sont parvenus à faire les remarques fines et judicieuses que nous leur devons, et qu'ils ont fixé la véritable valeur d'une foule de mots dont le choix offrait souvent un embarras réel. Il est donc très-utile aux jeunes gens qu'on les accoutume de bonne heure à méditer sur les choses et à leur donner une dénomination propre.

7

à la douleur, ce sentiment exclusif qui absorbe toutes les pensées, n'a plus ni volonté ni énergie. Il croit ne se consoler jamais; les choses qui, auparavant, faisaient son bonheur, l'importunent maintenant. Son âme n'est plus accessible à la joie; il ne saurait se livrer à aucun amusement; il cherche la solitude, et préfère les lieux qui lui rappellent le souvenir de ce qu'il regrette, et qui ne font ainsi qu'aggraver sa peine. Souvent on le voit immobile, arrosant de ses larmes les choses qui lui rappellent plus particulièrement l'objet de ses regrets.

Source des idées et des réflexions.

LE MAITRE : Pourquoi dites-vous que la douleur est causée par quelque événement désagréable ou malheureux?

L'ÉLÈVE : Parce que la douleur de Calypso a pour cause le départ d'Ulysse.

LE MAITRE : Motivez : *La douleur est un sentiment exclusif qui absorbe toutes les pensées.*

L'ÉLÈVE : J'ai remarqué que Calypso était tout entière à sa douleur, qu'elle ne chantait plus, qu'elle était sans cesse tournée vers le côté où le vaisseau d'Ulysse avait disparu à ses yeux.

LE MAITRE : Qu'est-ce qui vous a fait dire que l'homme en proie à la douleur n'a plus d'énergie morale? Montrez le fait qui vous a suggéré cette réflexion.

L'ÉLÈVE : J'ai vu que Calypso ne *pouvait* se consoler; c'était un manque d'énergie... L'immortalité l'importunait... Elle ne se livrait à aucun amusement puisque sa grotte ne résonnait plus de son chant... etc.

LE MAITRE : L'expression *rappeler le souvenir* est-elle française? Oui, car Fénelon l'emploie dans le premier paragraphe : « Mais ces beaux lieux... ne faisaient lui *rappeler* le triste *souvenir* d'Ulysse, » et dans le § 24 (o) du IV⁴ livre : « Je ne pouvais plus *rappeler* ni ma raison, ni le *souvenir* des vertus de mon père. »

LE MAITRE : Justifiez l'expression *arroser de larmes.* — Elle est française, et j'en justifie l'emploi en montrant que Fénelon s'en est servi *dans le même ensemble de circonstances,* c'est-à-dire pour peindre la *douleur : Dans sa douleur, Calypso arrosait de ses larmes le rivage de la mer;* dans les adieux de Narbal, liv. III, § 45 (44), Télémaque dit : « Quand il eut achevé ces paroles, je *l'arrosai* de mes larmes sans lui répondre : de profonds soupirs m'empêchaient de parler. » — Cette expression pourrait-elle être employée pour peindre un autre sentiment que la *douleur?* — Je n'en sais rien, je ne l'ai pas vu.

LE MAITRE : Continuez à remarquer ainsi l'emploi des expressions, et à saisir l'occasion d'en faire usage.

Liv. I, § 3. Cependant Calypso se réjouissait.... Elle s'avance vers lui, et, sans faire semblant de savoir qui il est.... (Voir page 46).

LE MAITRE : Quel vice, quelle vertu, etc., voyez-vous dans ce paragraphe ? — La fausseté, la dissimulation.

LE MAITRE : Où voyez-vous de la *dissimulation ?* — Dans ces passages : *Sans faire semblant de savoir... Elle tâchait de découvrir...* etc.

73e SUJET. *La dissimulation.*

Synthèse.

La dissimulation consiste à cacher ses vrais sentiments. L'homme dissimulé y a recours pour donner le change à celui qu'il veut tromper, ou pour cacher un trouble secret; mais les précautions qu'il prend, et qui répugnent souvent à la loyauté, ne dérobent pas toujours les sentiments de celui qui

dissimule, à la pénétration de ceux qui l'observent :
ils éclatent malgré lui sur son visage.

Source et justification des idées.

LE MAITRE : Motivez. *La dissimulation consiste
à déguiser ses véritables sentiments.*

L'ÉLÈVE : Calypso cache la joie qu'elle éprouve en
voyant le fils d'Ulysse... J'ai dit que les précautions
prises par l'homme dissimulé répugnent souvent à la
loyauté, parce que Calypso ne se contente pas de
dissimuler sa joie ; elle feint la colère, et menace
Télémaque, sans toutefois pouvoir l'empêcher d'é-
clater sur son visage.

LE MAITRE : L'expression *cacher ses sentiments*
est-elle française ? — Oui, j'ai vu, liv. III, § 38, Astarbé *cachait* ses vrais *sentiments.*

Liv. I, § 4 et 5. O vous, qui que vous soyez...., etc (pages 46
et 49).

LE MAITRE : Que voyez-vous dans ce paragraphe ?
— L'éloquence.

LE MAITRE : Comment savez-vous que cette manière de parler se nomme *éloquence ?*—L'ÉLÈVE. Fénelon lui donne ce nom en disant : « Calypso attendrie de voir...tant *d'éloquence.*

Synthèse.

Réflexions déduites des faits.

74e SUJET. *L'éloquence.*

L'éloquence est le talent d'exprimer sa pensée de
manière à toucher ceux de qui l'on veut obtenir
quelque grâce.

L'homme éloquent a égard au rang des personnes
auxquelles il parle, il les flatte avec délicatesse, et
ne néglige rien pour les intéresser en sa faveur, et
s'attirer leur bienveillance. Il a soin de ne dire que
des choses vraisemblables, et les dit de manière à les
rendre agréables à ceux qui l'écoutent. L'homme

éloquent sait, quand il le faut, étonner par sa sagesse, et attendrir par ses malheurs et ses vertus. On demeure, en l'écoutant, dans un silence plein d'admiration, qui se prolonge même après qu'il a cessé de parler. Il profite de cette disposition d'esprit pour obtenir la faveur qu'il sollicite, et que ceux qu'il implore paraissaient peu disposés à lui accorder.

Source et justification des idées.

LE MAITRE : Qu'est-ce qui vous fait dire que l'éloquence est le talent de... etc. ? — J'ai vu que Calypso a été attendrie par le discours de Télémaque. —Pourquoi *les flatte avec délicatesse... les intéresse en sa faveur...?*—Télémaque flatte Calypso en lui disant qu'à la voir on ne peut la prendre que pour une divinité; il l'intéresse en sa faveur, en lui faisant connaître qu'il cherche son père et que c'est contre ses rochers qu'il a fait naufrage.

Télémaque étonne par sa sagese en parlant de son père; il attendrit par ses malheurs et ses vertus, en se représentant comme la victime de sa piété filiale, et non de son entreprise téméraire.

Par son éloquence il obtient la faveur qu'il désirait; Calypso qui avait dit : *Sachez qu'on ne vient point impunément dans mon empire,* dit, après l'avoir entendu : *Venez, je vous recevrai comme mon fils.*

Liv. 1. § 6. Télémaque suivait la déesse environnée.... Il admirait l'éclat de sa beauté, la riche pourpre de sa robe etc. (Voir page 53).

LE MAITRE : Quel vice, quelle vertu, quel défaut, quelle qualité ou quel sentiment voyez-vous dans ce paragraphe ? — L'admiration.

75e SUJET. *L'admiration.*

Synthèse déduite des faits du sixième paragraphe.

L'admiration est un sentiment vif et profond que

nous éprouvons à la vue d'objets qui flattent nos sens, ou qui s'accordent avec nos goûts.

Tous les hommes n'éprouvent pas ce sentiment dans les mêmes circonstances : Tel objet charme l'un, qui laisse l'autre dans l'indifférence. Le jeune homme, presque toujours dépourvu d'expérience, admire tout ce qui est magnifique, imposant ou gracieux. Le vieillard a trop vu, trop réfléchi, il a trop examiné les choses pour se laisser prendre à des dehors souvent trompeurs.

Source et justification des idées.

LE MAITRE : Pourquoi dites-vous *l'admiration est un sentiment...*, etc. ? — Télémaque admire *la riche pourpre de sa robe longue et flottante...*, ceci s'accorde avec ses goûts, comme on le voit, § 10.

MOTIVEZ : *Tous les hommes n'éprouvent pas ce sentiment dans les mêmes circonstances.* — Mentor ne témoigne aucune admiration pour des objets qu'il ne prend pas même la peine de considérer, puisqu'il tenait les yeux baissés.

Pourquoi dites-vous *dehors trompeurs ?* — Télémaque admirait *la douceur* de Calypso qui, dans ses imprécations contre lui s'écrie, dans la suite (liv. VII § 20) : « *Que tu périsses en voyant ta patrie de loin,* » *au milieu de la mer, et que ton corps, devenu le* » *jouet des flots, soit rejeté sans espérance de sépul–* » *ture sur le sable du rivage ! Que mes yeux le voient* » *mangé par les vautours !* »

Justifiez l'expression. *Flattez les sens.* — Calypso prie Morphée d'envoyer à Télémaque des songes légers qui *flattent ses sens* par les images les plus riantes (liv. IV, § 4).

Liv. I, § 7. On arriva à la porte de la grotte de Calypso, où Télémaque fut surpris de voir, avec une apparence de simplicité rustique, tout ce qui peut charmer les yeux, etc.

LE MAITRE : Quel vice, quelle vertu, quel senti-

ment, etc., voyez-vous dans ce passage ? — La surprise.

Comment savez-vous que ce sentiment se nomme
surprise plutôt qu'*étonnement* ? — Fénelon dit : *Télémaque fut surpris* et non *fut étonné*.

76ᵉ SUJET. *La surprise.*

Synthèse déduite des faits du septième paragraphe.

La surprise est un sentiment qu'on éprouve à la
vue d'objets auxquels on ne s'attendait point. Lorsque la surprise est agréable, elle double le plaisir
qu'on ressent. Les choses les plus simples, les plus
naturelles peuvent surprendre lorsque leur forme
inattendue vient déranger l'idée que les apparences
avaient fait naître. Ceux qui pensent peu, qui ne
réfléchissent point, sont beaucoup plus sujets à être
surpris de ce qui leur arrive, que l'homme prévoyant
et réfléchi.

Source et justification des idées.

LE MAITRE : Motivez. *Objets auxquels on ne s'attendait point.* — Télémaque, en arrivant à la porte
de la grotte, ne s'attendait point à y trouver tout ce
qui peut charmer les yeux ; aussi le plaisir qu'il en a
ressenti n'en a-t-il été que plus vif.

LE MAITRE : Pourquoi dites-vous *les choses les plus
simples, les plus naturelles ?* etc. — La grotte n'offrait
à la vue que des choses simples et naturelles ; elle
était taillée dans le roc, elle était tapissée d'une jeune
vigne, etc.

Pourquoi dites-vous *ceux qui pensent peu sont plus
sujets à être surpris que l'homme prévoyant*, où est le
fait ? — J'ai vu que c'est ici Télémaque et non Mentor qui est surpris.

———

Liv. 1, § 9. Calypso ayant montré à Télémaque toutes ces

beautés naturelles, lui dit : Reposez-vous, vos habits sont mouillés, il est temps que vous en changiez etc. (page 60).

LE MAITRE : Que voyez-vous dans ce paragraphe? — Les attentions de Calypso et des nymphes pour Télémaque.

77ᵉ SUJET. *Attentions.*

Synthèse déduite des faits du paragraphe précédent.

On nomme *attentions*, les égards particuliers et les soins empressés par lesquels on témoigne à quelqu'un le désir qu'on a de lui être agréable et d'agir selon ses goûts.

Quand on a des attentions pour quelqu'un, on ne lui fait entendre que des paroles bienveillantes; on se montre rempli pour lui de prévenance et de sollicitude.

Si les attentions qui sont dues à un sentiment d'affection et de bienfaisance ont une source estimable, il est prudent de se défier de celles qui ne sont prodiguées que pa rl'artifice ou par l'intérêt.

Source et justification des idées.

LE MAITRE : Qu'est-ce qui vous a suggéré l'idée *d'égards particuliers*, de *soins empressés ?* — Cette idée m'est venue en remarquant que c'est particulièrement à Télémaque que Calypso montre les beautés naturelles de son île, et qu'elle dit : *Reposez-vous,* etc. J'ai dit *il est prudent de se défier* des attentions prodiguées *par l'intérêt,* parce que le but de Calypso était de s'attacher Télémaque par la reconnaissance, afin de le retenir dans son île, comme on le voit, § 16.

Liv. 1, §§ 11 et 12. Sont-ce donc là, ô Télémaque! les pensées.... etc., (page 61.)

LE MAITRE : Que voyez-vous dans ce paragraphe?— Des réprimandes.—Où voyez-vous des *réprimandes ?*

78ᵉ. SUJET. *Les réprimandes.*

Synthèse sur les faits qui précèdent.

Les réprimandes consistent dans des avertissements donnés avec autorité à ceux qui ont commis quelque faute. Faites d'un ton grave, elles dépeignent sous un aspect odieux la faute qui a été commise ; mais comme elles ont pour but d'empêcher qu'on n'y retombe, les réprimandes doivent être accompagnées d'avis trop sages pour qu'on n'y voie pas une preuve de sollicitude.

Les réprimandes sont utiles même lorsqu'on ne peut pas les mériter; car celui qui se trouve dans la nécessité de soutenir qu'il n'a pas commis une faute, s'engage par là à ne la pas connaître.

Source et justification des idées.

Le maître : Pourquoi dites-vous *les réprimandes sont des avertissements donnés avec autorité?*—Parce que Mentor avait autorité sur Télémaque.

Les réprimandes de Mentor sont accompagnées d'avis trop sages pour que Télémaque n'y voie pas une preuve de sollicitude, etc. Le reste est facile à justifier et découle des faits.

Liv. i, §§ 13 et 16. Craignez, répartit Mentor, qu'elle ne vous accable de maux...., etc. (pages 61 et 72).

Le maître : Que voyez-vous dans ces paragraphes?—Les conseils que Mentor donne à Télémaque pour le mettre en garde contre les artifices de Calypso; et § 16, les conseils de Calypso pour le faire rester dans son île.

Comment savez-vous que cet ensemble se nomme *conseil ?* — Fénelon fait dire à Mentor, *attendez toujours mes* CONSEILS; et § 18, *Télémaque reconnut la sagesse des* CONSEILS *que Mentor venait de lui donner.*

79ᵉ SUJET. *Conseils.*

Synthèse déduite des faits des §§ 13 et 16, liv. i.

Les conseils sont des avis qu'on donne aux autres pour les faire agir d'après ses désirs ou ses idées. Il

7.

y a de bons et de mauvais conseils, parce que ceux qui les donnent peuvent avoir de bonnes ou de mauvaises intentions, ou enfin faire erreur en les donnant.

Les bons conseils supposent, dans celui qui les donne, une supériorité de sagesse et d'expérience. La vieillesse aime à donner des conseils aux jeunes gens ; mais ceux-ci, entraînés par une aveugle présomption, ou séduits par les passions de leur âge, ne sont pas toujours assez sages pour les suivre. Les méchants et les flatteurs, dans les conseils qu'ils donnent, ne sont guidés que par leur intérêt.

Justification des réflexions.

LE MAÎTRE : Motivez. *Pour les faire agir d'après ses désirs.* — Mentor conseille à Télémaque de songer à soutenir la réputation de son père, etc. J'ai dit *il y a de bons et de mauvais conseils,* parce que les conseils que Mentor donnait à Télémaque étaient bons : tandis que les conseils que Calypso cherchait à lui insinuer, § 16, d'oublier Ulysse et de rester dans son île, étaient mauvais. Les autres réflexions se déduisent naturellement des faits : Mentor était un vieillard sage et plein d'expérience ; Télémaque un jeune homme présomptueux, etc.

Liv. 1, § 15. Quand Télémaque entendit le nom de son père, les larmes, qui coulèrent le long de ses joues, etc. (p. 66.)

LE MAÎTRE : Que voyez-vous dans ce passage ? — L'attachement (1).

------

(1) La plupart des paragraphes du Thélémaque offrent les sujets de plusieurs synthèses ou compositions morales : il est bon de laisser à chaque élève la liberté de traiter le sujet de son choix, d'après la série des faits qui a frappé son attention. Si, par exemple, dans ce même morceau, un élève voit *l'émotion* il pourra dire :

L'émotion.

L'émotion est une agitation, un trouble qu'un souvenir

80ᵉ SUJET. *L'attachement.*

Synthèse.

L'attachement est un sentiment tendre qui nous unit à nos parents, à nos bienfaiteurs, à nos amis, et qui nous fait toujours désirer leur présence.

Les événements viennent-ils les éloigner, il nous suffit d'entendre prononcer leur nom peur éprouver de la tristesse. Nous laisse-t-on entrevoir la possibilité de nous en rapprocher? aucun obstacle, aucune difficulté ne nous rebute. Ne sont-ils plus? la vie alors, au lieu d'être un don du ciel, devient une longue suite de douleurs.

Source des idées.

LE MAITRE : Motivez vos réflexions.

Télémaque éprouvait un grand attachement pour son père, il verse des larmes en entendant prononcer son nom. Aucun obstacle n'a rebuté Orphée, qui est descendu aux enfers pour en retirer Euridice, etc.

Liv. 1, §§ 16. 17. Quand le repas fut fini, la déesse prit Télémaque, et lui parla ainsi : etc. (p. 72).

LE MAITRE : Que voyez-vous dans ce morceau ? — L'artifice. — Comment savez-vous que cet ensemble de moyens se nomme *artifice.* — Je vois dans le paragraphe suivant: *Télémaque reconnut enfin son* ARTIFICE, *et la sagesse des conseils que Mentor venait de lui donner;* le mot ARTIFICE est donc le nom propre du tableau que Fénelon vient d'offrir aux yeux. — Continuez à observer ainsi l'emploi des mots abstraits, vous acquerrez bientôt le senti-

---

même peut faire naître dans l'âme, et qui fait souvent couler de douces larmes.

Qu'il est intéressant cet enfant dont les yeux se mouillent au seul nom d'un père qui n'est plus!

ment de leur valeur : aucun livre ne convient mieux pour ce genre d'étude que Télémaque, car Fénelon y donne presque toujours le nom du tableau qu'il a mis sous les yeux du lecteur.

81ᵉ SUJET. *L'artifice.*

Synthèse.

L'artifice est un moyen détourné que l'on emploie pour parvenir à l'exécution d'un dessein caché. Rien ne coûte à l'homme artificieux ni ne le rebute : flatteries et promesses, dissimulation et mensonge, il met tout en usage. Le succès dépend cependant de son adresse. S'il n'est pas assez réservé dans ses paroles, s'il veut forcer la persuasion, il finit par mettre son artifice à découvert et manquer son but.

Source des idées.

LE MAITRE : Pourquoi dites-vous *est un moyen détourné?* — Parce que Calypso qui veut retenir Télémaque dans son île, lui parle de son indignation qu'il a encourue par sa témérité.

MOTIVEZ : *rien ne lui coûte, flatteries et promesses,* etc.—Flatteries, Calypso appelle Télémaque, *fils du grand Ulysse;* promesses, elle lui offre un royaume; dissimulation, elle tait l'arrivée d'Ulysse dans l'île des Phéaciens; mensonge, elle veut faire entendre à Télémaque que son père a péri dans un naufrage, et qu'il n'a plus rien à espérer, ni pour revoir l'auteur de ses jours, ni pour régner jamais dans l'île d'Ithaque après lui.

Pourquoi dites-vous *s'il n'est pas assez réservé dans ses paroles?*..... — Calypso manque d'adresse en ajoutant de longs discours pour montrer combien Ulysse avait été heureux auprès d'elle, et Télémaque reconnaît son artifice.

Liv. 1, § 18. Télémaque qui s'était d'abord abandonné trop promptement..... etc. (page 73).

LE MAITRE : Que voyez-vous dans ce paragraphe ? — Des *excuses*. « Pardonnez à ma douleur, maintenant je ne puis que m'affliger; peut-être que dans la suite j'aurai..... »

82ᵉ SUJET. *Les excuses.*

Synthèse.

Les excuses sont des raisons qu'on allègue pour se dispenser d'une action qu'on désire ne pas accomplir. Il est difficile de faire agréer les excuses par ceux à qui l'on a soi-même des obligations. Si cependant la vertu ou d'autres puissants motifs s'opposent à ce qu'on acquiesce aux désirs qu'ils ont manifestés, il convient de colorer son refus du prétexte le plus honnête et le plus vraisemblable possible. Dans ce cas, il est prudent de répondre en peu de mots , afin de laisser moins deviner le motif véritable des excuses qu'on présente.

Source des idées.

LE MAITRE : Motivez votre travail. — Télémaque reconnaissant l'artifice de Calypso, et ne voulant point s'engager à renoncer à Ithaque parce que la vertu s'y oppose, s'excuse et colore son refus en disant : Pardonnez à ma douleur, etc.....

———

Liv. 1, § 19. Calypso n'osa d'abord le presser davantage... (page 76).

LE MAITRE : Que voyez-vous dans ce paragraphe? — Des instances. — Motivez votre réponse.....

83 SUJET. *Les instances.*

Synthèse.

Les instances sont des sollicitations pressantes et

réitérées. Celui qui y a recours met tout en œuvre pour obtenir l'objet de sa demande. S'il s'aperçoit que ses instances sont vaines, il saisit la moindre occasion pour les reproduire plus pressantes sous une autre forme; et comme ni excuses ni refus ne le rebutent, on finit souvent par céder, malgré soi, à ses importunités.

Source des idées.

LE MAITRE : Motivez vos réflexions. — Calypso avait sollicité Télémaque de rester dans son île; elle saisit l'occasion de lui demander le récit de ses aventures avec plus d'instances, sans se laisser rebuter de ce que lui dit Télémaque, que le récit de ses malheurs serait trop long : celui-ci cède à ses instances.

Liv. 1, § 20. J'étais parti d'Ithaque..... je me résolus d'aller... (page 78).

LE MAITRE : Que voyez-vous dans ce paragraphe? — Je remarque la *résolution* que prend Télémaque (*je me résolus d'aller dans la Sicile*); la *prudence* et la *circonspection* de Mentor qui s'opposa à son téméraire dessein, en lui représentant les dangers qui l'environneront : d'un côté les Cyclopes, de l'autre la flotte d'Énée (1).

84ᵉ SUJET. *Résolution.*

Synthèse.

On nomme *résolution* un acte de volonté auquel on ne se détermine qu'après y avoir longtemps réfléchi. Si c'est l'inquiétude ou l'impatience, ou, ce qui est pis encore, la présomption qui la dicte, la résolution peut conduire à des démarches

____

(1) Mentor, par la pensée, regarde autour de lui (*circum spectat*). C'est *la circonspection.*

dont on ne tarde pas à se repentir : une résolution téméraire peut faire commettre bien des fautes : heureux celui que ses fautes corrigent de sa présomption ; plus heureux celui qui suit toujours les conseils d'un ami sage et prudent !

Source des idées.

LE MAITRE : Motivez *longtemps réfléchi.* — Télémaque dit *lassé* de vivre, toujours en suspens. Pourquoi *bien des fautes ?* Montrez le fait. — Presque toutes les fautes que Télémaque a commises, son indiscrétion chez Aceste, etc., sont la suite de son imprudente résolution.

———

Liv. I, § 20. J'étais parti d'Ithaque..... Il me représentait d'un côté.... (page 78).

85e SUJET. *La prudence.*

Synthèse.

La prudence est une sorte de réserve dans la conduite, que donne l'expérience ; c'est cette vertu qui fait prévoir les suites fâcheuses que pourrait avoir une démarche inconsidérée ou une action hasardée ; elle indique les précautions à prendre pour les prévenir ou pour en atténuer les effets.

Les jeunes gens possèdent rarement cette vertu, qui est le fruit de l'expérience, de la réflexion et de la sagesse ; aussi, dans les circonstances critiques, doivent-ils régler leur conduite sur l'avis d'un homme sage, prudent et éclairé, car l'impétuosité naturelle à leur âge, et leur inexpérience, les exposeraient à bien des mécomptes.

Source des idées.

LE MAITRE : Pourquoi appelez-vous la prudence une réserve ? — Parce que Mentor cherche à détourner Télémaque de son projet de voyage en Sicile.

Pourquoi dites-vous que les jeunes gens possèdent

rarement cette vertu qui est le fruit de l'expérience ? — Jai vu que Télémaque n'était pas prudent; que Mentor, au contraire, lui donnait des conseils pleins de sagesse et de prudence.

———

Liv. 1, § 21. Ces paroles étaient salutaires... etc. (page 80).

LE MAITRE : Que voyez-vous dans ce passage ? — *Le dévouement : « Le sage Mentor m'aima jusqu'à me suivre*, etc. »

86e SUJET. *Le dévouement.*

Synthèse.

Le dévouement est un oubli de nous-même, pour travailler au bonheur de ceux qui nous sont chers, ou pour les tirer de quelque circonstance critique.

Nous pouvons reconnaître un ami dévoué à son désintéressement, et à sa sollicitude pour notre bonheur ; il entre dans nos peines, nous console dans l'infortune, nous reprend sans amertume des fautes que nous commettons, tout en cherchant à en prévenir les effets fâcheux. Son dévouement lui fait partager les périls qui peuvent nous environner, lors même qu'il ne faut les attribuer qu'à notre indocilité à suivre ses conseils, et au risque d'en éprouver lui-même les suites funestes.

Justification des réflexions.

J'ai dit, *le dévouement est un oubli de nous-mêmes pour*..... etc. Mentor en suivant Télémaque dans un voyage téméraire, semble s'oublier lui-même pour le tirer des circonstances critiques où il ne tardera pas à se trouver, et pour travailler à son bonheur en l'instruisant.

Il entre dans nos peines, nous console dans l'infortune. Télémaque dit, § 23, je sentais qu'il m'inspirait une force invincible; Termosiris, prêtre d'Apollon, disait souvent à Télémaque qu'il devait prendre courage, et que les dieux n'abandonneraient jamais ni Ulysse ni son fils (liv. II, § 29) (1).

Il nous reprend sans amertume de nos fautes, en cherchant à en prévenir les effets fâcheux. Mentor dit à Télémaque : Je n'ai garde de vous reprocher la faute que vous avez faite, § 24. Et il fait mettre des couronnes de fleurs sur la poupe du vaisseau, pour tâcher d'échapper aux Troyens.

Enfin j'ai dit : *Son dévouement lui fait partager les périls..... au risque d'en éprouver lui-même les suites funestes.* Mentor fut en effet sur le point d'être immolé en Sicile, et fut vendu comme esclave à des Ethiopiens.

Liv. 1, § 22. Pendant que Télémaque parlait, Calypso.... etc. (page 80).

LE MAITRE : Quel vice, quelle vertu, quel sentiment voyez-vous dans ce paragraphe ? — J'y vois *la crainte, la défiance, le trouble, la dissimulation, la curiosité,* etc.

87ᵉ SUJET. *La crainte.*

Synthèse.

La crainte est un sentiment qui jette du trouble dans l'âme, et de la confusion dans les idées. L'objet qui le fait naître provoque une grande défiance, et malgré tous les efforts possibles, il est difficile de cacher l'agitation qu'il fait naître (1).

L'homme présomptueux croit n'avoir jamais rien à craindre, parce qu'il ne prévoit pas le péril ; mais quand il y est exposé, il n'a pas le courage de le mépriser (2). Les dangers que nous ne prévoyons pas

---

(1) On voit que l'élève peut et doit même rapporter au sujet qu'il traite, tous les passages de Télémaque qui sont propres à l'inspirer.

sont quelquefois ceux que nous avons le plus à craindre (3).

Source des idées.

(1) Calypso était troublée par la présence de Mentor, qui excitait sa défiance; ses idées étaient confuses.

2. Télémaque croyait n'avoir rien à craindre pour aller en Sicile, et la vue du premier péril fit évanouir toute sa présomption.

3. Les périls qui l'attendaient dans l'île de Calypso, et dont Télémaque ne se défiait pas, étaient ceux qu'il avait le plus à craindre, d'après l'observation de Mentor, liv. VII, § 13. « Le vice grossier fait horreur, l'imprudence brutale donne de l'indignation; mais la beauté modeste est bien plus dangereuse : en l'aimant on croit n'aimer que la vertu. »

88ᵉ SUJET. Le trouble.

Synthèse déduite des mêmes faits.

Cette agitation qui répand dans l'âme une vive inquiétude; et qui fait éprouver un certain saisissement à la vue d'un objet, c'est le trouble. Par lui les pensées deviennent confuses; l'esprit, si vif et si prompt, devient lent et tardif; discernant mal les choses, l'homme troublé a peine à déguiser ses sentiments; son émotion se découvre à tous les yeux. C'est en vain qu'il voudrait voiler les sensations qu'il éprouve; ses paroles, ses moindres actions le trahissent; une force supérieure semble le diriger, et il ne fait qu'augmenter son trouble en voulant le cacher.

Liv. 1, § 23. Nous eûmes assez longtemps un vent favorable pour aller en Sicile.... Mentor parut dans ce danger non-seulement ferme et intrépide, mais plus gai qu'à l'ordinaire etc. (page 81).

89ᵉ SUJET. *L'intrépidité.*

Synthèse.

L'intrépidité est cette force d'âme qui conserve à l'homme son sang-froid au milieu des circonstances les plus critiques. L'homme intrépide voit le danger sans crainte, sans émotion, sans trouble, sans jamais perdre de vue tout ce qui peut le sauver. La tranquillité d'esprit qu'il conserve au milieu des plus grands périls lui permet d'exécuter avec calme ses résolutions, de faire usage de tous ses moyens pour affronter avec succès le danger, s'il le faut, et pour surmonter les obstacles qui l'environnent.

Qu'elle est imposante l'attitude ferme de l'homme, qui, loin de se laisser effrayer par l'imminence du péril, travaille avec une admirable présence d'esprit à s'en garantir, ainsi que tout ce qui lui est cher !

Source des idées.

LE MAÎTRE : Motivez vos réflexions. — Mentor se montre ferme et intrépide au milieu de la flotte troyenne. Il voit le danger sans crainte, sans émotion, sans trouble (*plus gai qu'à l'ordinaire*); sans perdre de vue ce qui peut le sauver (*couronnes de fleurs*, § 25); il affronte le danger avec succès en passant au milieu de la flotte ennemie, et parvient ainsi à sauver Télémaque que Pénélope lui avait confié, etc.

———

Liv. 1, § 25. La douceur et le courage du sage Mentor me charmèrent; mais je fus encore bien plus surpris.... etc. (page 83).

LE MAÎTRE : Que voyez-vous dans ce passage? — *L'adresse.* — Où voyez de l'adresse? — Mentor remarque un vaisseau troyen presque semblable au sien, que la tempête avait écarté, et dont la poupe était couronnée de certaines fleurs; il se hâte de mettre sur la poupe de son vaisseau des couronnes de fleurs semblables. Il les attache lui-même, etc.

LE MAITRE. Comment savez-vous que ce tableau se nomme *adresse?*—Parce que Fénelon le désigne par ce mot en disant : « *Quand je vis avec quelle adresse il nous délivra des Troyens.* »

90e SUJET. *L'adresse.*

Synthèse.

L'adresse est une qualité indispensable à quiconque veut conduire une entreprise difficile de manière à la faire réussir. Digne d'éloge si l'on ne s'en sert toutefois que pour faire le bien, cette précieuse qualité exige beaucoup d'attention et d'intelligence. Il faut, en effet, pour être adroit savoir observer et saisir promptement la difficulté qui se présente, employer aussitôt les moyens propres à la combattre, et les précautions qui assurent le succès, tout en profitant des moindres circonstances qui peuvent conduire au résultat qu'on se propose.

Source des idées.

LE MAITRE : Pourquoi dites-vous que l'adresse est une qualité indispensable à quiconque?... etc. — Parce que sans l'adresse de Mentor, Télémaque et lui eussent été pris par les Troyens.

Pourquoi dites-vous, *digne d'éloges pourvu qu'on ne s'en serve*, etc. — Pour distinguer l'adresse de Mentor de celle qu'employait Métophis pour surprendre Télémaque. J'ai dit *employer* AUSSITÔT *les moyens*..... etc., parce que Fénelon dit *Mentor se* HATA *de mettre sur notre poupe des couronnes de fleurs semblables,* etc.

Liv. i, § 28. Cette condition me parut plus dure que la mort, etc. (page 86).

91ᵉ SUJET. *La fierté.*

Synthèse.

La *fierté* est une espèce de hauteur et de fermeté qui provient de la confiance qu'on a dans sa force ou dans son mérite , c'est-à-dire, de l'opinion avantageuse de soi-même.

L'homme fier ne saurait s'abaisser à une action qu'il croit au-dessous de lui ; au péril de sa vie même il ne souffrirait ni le mépris, ni les humiliations ; à l'idée seule du déshonneur une noble indignation s'empare de son âme. Dans ce sens la fierté a quelque chose de grand et d'estimable ; mais c'est un grand défaut quand elle nous fait mépriser ceux qui sont au-dessous de nous par leur condition ou leur fortune.

Source des idées.

LE MAITRE : Motivez votre travail. — Télémaque avait trop de hauteur pour ne pas se révolter à l'idée d'une condamnation qui le réduisait à une condition indigne du fils d'Ulysse. Au péril de sa vie , il découvre qui il est , préférant la mort au déshonneur.

La fierté était un grand défaut dans Bocchoris , qui comptait pour rien le reste des hommes, croyant qu'il était d'une autre nature qu'eux (liv. II, § 41).

LE MAITRE : Mais comment savez-vous que ce sentiment de Bocchoris se nomme *fierté ?* — C'est le nom que Fénelon donne au tableau qu'il en fait, en disant : « Il avait été nourri dans une *fierté* brutale. »

Liv. I, § 35. Mentor montre dans ses yeux une audace qui étonne.... Je ne puis égaler sa *valeur*..... etc. (page 98).

92ᵉ SUJET. *La valeur.*

Synthèse.

La valeur est une vertu qui se déploie avec vigueur

dans les combats, et qui, presque toujours, assure la victoire.

La valeur affronte le péril et méprise le danger : on peut dire qu'elle est le courage mis en action. Elle est indispensable à celui qui commande, car qui ne sait combien l'exemple du chef stimule le courage de ceux qui combattent sous les ordres.

Source des idées.

LE MAÎTRE : Pourquoi dites-vous, *se déploie dans les combats*; où est le fait? — Mentor avait fait preuve de courage dans la tempête; mais c'est dans le combat contre les Himériens qu'il se montre plein de valeur.

Qu'est-ce qui vous fait dire que la valeur est *le courage en action?* Voyons le fait. — La mort courait de rang en rang, partout sous ses coups.....

Vous dites que *l'exemple du chef stimule*, montrez. — Les sujets d'Aceste, *animés* par l'exemple de Mentor, eurent une vigueur dont ils ne se croyaient pas capables, § 56.

OBSERVATION.

Dans les petites compositions morales qui précèdent, l'élève est rarement sorti des faits du paragraphe qu'il avait sous les yeux, faute d'en connaître d'analogues. Mais, tout en pratiquant cet exercice, il a insensiblement appris par cœur plusieurs chants du Télémaque, ouvrage où Fénelon, qui avait si bien observé la nature et le cœur de l'homme, a retracé l'une et l'autre avec tant de vérité. *La fréquente récitation* les a gravés dans sa mémoire, précieuse faculté qui nous rappelle à volonté la représentation des objets et les ressuscite, en quelque sorte, à notre gré. L'élève peut donc maintenant s'exercer à écrire sur un sujet quelconque, en prenant les faits qui s'y rapportent partout où ils se trouvent : soit dans son auteur, et c'est alors à sa mémoire à les rassembler, soit dans sa propre expérience, car nos exercices l'ont mis sur la voie pour s'étudier et se connaître lui-même. Ajoutons qu'il augmentera considérablement le nombre des faits à sa disposition en lisant attentivement chaque jour un des livres du Télémaque, qu'il n'a pas appris par cœur. Cette lecture contribuera beaucoup à lui faire acquérir la propriété d'expression, s'il a eu soin de ne confier les mots à sa mémoire qu'après s'être assuré des idées qu'ils sont destinés à réveiller. « Un homme qui ferait lui-même sa langue, dit M. Laromiguière (1), n'aurait jamais besoin de chercher des définitions : il lui suffirait de se *rappeler les circonstances* où il aurait imaginé un mot, pour en connaître la signification. »

Ce moyen est applicable avec bonheur à l'étude d'une langue faite, prise dans un bon écrivain : il suf-

____

(1) Leçons de philosophie, 1re partie, 12e leçon.

fit de remarquer et de se rappeler au besoin l'*ensemble de circonstances* où un mot est employé, et le *tableau* dont il est le *nom propre* dans l'un des livres qu'on a pris pour base de ses études. Mais pour y parvenir sans gêne, sans efforts, et comme naturellement, il faut que la *fréquente lecture* du même livre ait, en quelque sorte, assimilé cet ouvrage à notre propre fonds, et nous ait fait acquérir le sentiment de la propriété des mots. Nous répéterons donc ici ce que nous avons dit ailleurs : *lege multùm non multa* (1).

Les compositions morales qui vont suivre sont déduites de faits pris dans les différentes parties du Télémaque ; nous indiquerons ces faits pour les premières seulement et comme pour exemple.

Précaution.

LE MAITRE : Qu'est-ce qu'on nomme *précaution* ? Citez des faits.

UN ÉLÈVE : Télémaque avait pris soin de cacher son départ aux prétendants, connaissant leur perfidie; c'est une *précaution* (liv. 1, § 20).

Mentor se hâta de mettre sur notre poupe, des couronnes de fleurs semblables à celles de Troyens (liv. 1, § 25).

Il ordonna à tous nos rameurs de se baisser le plus qu'ils pourraient le long de leurs bancs, pour n'être pas reconnus des ennemis (liv. 1, § 25).

Il nous donna pour des marchands phéniciens qui, étant en commerce avec tous les peuples, n'avaient rien à craindre (liv. 1, § 37).

LE MAITRE : La jeunesse agit-elle avec précaution ?

UN AUTRE ÉLÈVE : La jeunesse se confie légèrement et sans précaution (liv. 1, § 13).

---

(1) Epitome historiæ.

Ce que l'ardeur d'une jeunesse imprudente m'avai empêché de considérer attentivement (liv. I, § 23).

J'avais pris soin de le leur cacher, connaissant leur perfidie (liv. I, § 20, page 78).

Je n'écoutai que ma passion (liv. I, § 21).

Je savais bien leur répondre sans mentir, et sans leur apprendre ce que je ne devais pas dire (liv. III, § 8).

LE MAITRE : Que pensez-vous des faits suivants ?

Calypso voulait faire entendre à Télémaque que son père était mort, pour le faire rester dans son île (liv. I, § 16).

Méthophis sépara Mentor de Télémaque pour leu faire dire des choses contraires (liv. II, § 16).

Télémaque prenait des précautions contre les artifices de l'un et de l'autre (1).

93e SUJET. *Précaution.*

Synthèse déduite des faits qui précèdent.

On nomme *précautions* les soins qu'on prend et les moyens qu'on emploie pour réussir dans une entreprise, ou pour éviter quelque danger.

La jeunesse manque souvent de précaution, parce qu'elle se croit capable de tout, et qu'elle écoute plutôt sa passion que les conseils qu'on lui donne ; cependant les jeunes gens ne sont pas incapables de prendre des précautions lorsqu'ils veulent agir avec réflexion.

Les méchants emploient toutes sortes de précautions et d'artifices pour nuire aux bons ; aussi ceux-ci ne peuvent-ils se mettre, à leur tour, trop en garde contre les artifices des méchants.

______

(1) L'élève pourrait citer un fait historique quelconque ou tiré de sa propre expérience, qui fut une précaution.

Justification des réflexions et des expressions.

LE MAITRE : Vous dites *les soins qu'on prend*, *les moyens qu'on emploie*, motivez ces deux circonstances. — Télémaque avait pris soin, pour réussir dans son entreprise, de cacher son départ d'Itaque ; Mentor se hâta de mettre des couronnes de fleurs sur la poupe du vaisseau, c'était *un moyen d'éviter le danger*.

Pourquoi dites-vous que les jeunes gens ne sont pas incapables de prendre des précautions ? — J'ai vu que Télémaque avait pris soin de cacher son départ, et qu'il savait bien répondre aux prétendants sans mentir et sans leur apprendre ce qu'il ne devait pas dire, etc.

Vous employez l'expression *prendre soin*, justifiez-la. — J'ai vu, j'avais *pris soin de le leur cacher* (I, § 20).

Dit-on *écouter sa passion ?* — Fénelon fait dire à Télémaque *je n'écoutai que ma passion* (liv. I, § 21).

L'expérience.

LE MAITRE : Qu'est-ce que l'expérience ? Citez les faits de votre livre qui vous paraissent y avoir rapport.

UN ÉLÈVE : Termosiris racontait si bien les choses passées qu'on croyait les voir (liv. II, § 27).

Il prévoyait l'avenir par la profonde sagesse qui lui faisait connaître les hommes et les desseins dont ils sont capables (liv. II, § 27).

LE MAITRE : D'où provient quelquefois l'expérience ? — UN AUTRE ÉLÈVE : Les princes qui ont toujours été heureux ne sont guère dignes de l'être (liv. II, § 23).

Quand tu seras le maître des autres hommes, souviens-toi que tu as été faible, pauvre et souffrant comme eux (liv. II, § 23).

Mes malheurs commençaient à me rendre expérimenté sur tout ce qui regarde la navigation (liv. II, § 43).

LE MAITRE : Devons-nous écouter ceux qui ont plus d'expérience que nous ?

FAITS. Craignez ses trompeuses douceurs... Le naufrage et la mort sont moins funestes que les plaisirs qui attaquent la vertu (liv. I, § 13).

Mentor donnait tranquillement tous les ordres pendant que le pilote était troublé (liv. I, § 25).

LE MAITRE : La jeunesse a-t-elle de l'expérience, qu'en résulte-t-il ?

FAITS. Télémaque était surpris en voyant la grotte de Calypso, Mentor ne l'était pas (liv. I, § 7).

Ne suis-je pas malheureux d'avoir voulu me croire moi-même dans un âge où l'on n'a ni prévoyance de l'avenir, ni expérience du passé (liv. I, § 25).

LE MAITRE : Qu'est-ce que l'expérience nous apprend ?

FAITS. J'admirais des coups de la fortune qui relèvent tout à coup ceux qu'elle a le plus abaissés. Cette expérience me faisait espérer qu'Ulysse pourrait bien revenir enfin dans son royaume après quelque longue souffrance (liv. II, § 38).

94e SUJET. *L'expérience.*

Synthèse déduite des faits qui précèdent.

L'expérience est une connaissance des choses passées, qui nous donne la sagesse nécessaire pour prévoir l'avenir. Heureux celui qui ne la doit point aux malheurs qui l'ont accablé.

Si nous n'écoutions pas les conseils de ceux qui ont plus d'expérience que nous, nous pourrions tomber dans des périls que leur sagesse nous fait éviter.

La jeunesse n'a pas d'expérience ; elle montre de la surprise à la vue de choses qui n'étonnent point les personnes expérimentées, comme elle tombe dans le découragement au moindre revers.

L'expérience nous apprend que la fortune relève quelquefois ceux qu'elle a le plus abaissés, quand ils ne se laissent point abattre. Elle soutient le courage et ranime l'espérance.

Justification.

LE MAITRE : Motivez votre définition. — J'ai dit *l'expérience est une connaissance des choses passées:* Termosiris, en effet, avait une parfaite connaissance des choses passées, puisqu'il les racontait si bien qu'on croyait les voir, et qu'au moyen de cette connaissance il était en état de prévoir l'avenir.

Télémaque n'ayant pas écouté le conseil que Mentor lui donnait, de retourner en Ithaque, courut mille dangers en Sicile. Il tomba dans le découragement en se voyant au milieu de la flotte troyenne, et fut surpris de l'adresse avec laquelle Mentor évita le péril.—L'expérience que Télémaque avait acquise en Egypte ranimait son courage et lui faisait espérer qu'il pourrait bien revoir Mentor (liv. 11, § 38).

95ᵉ SUJET. *L'expérience.*

Autre synthèse sur les mêmes faits.

L'expérience est le résultat de l'attention portée aux objets qui nous entourent, et aux évéments auxquels nous avons assisté. Cette qualité ne nous arrive ordinairement qu'à un certain âge ; on sait qu'elle est rarement le partage de la jeunesse qui, entraînée par sa présomption, n'écoute souvent que ses passions. L'expérience est parfois aussi le résultat des malheurs que l'on a éprouvés, et l'homme qui a toujours été heureux ne peut guère se flatter de posséder cet avantage.

L'expérience instruit ; elle fait voir que rien n'est

impossible à l'homme, elle fait craindre la mollesse, elle nous apprend à ne nous décourager jamais, à supporter le malheur avec énergie, et à trouver le bonheur dans la vertu.

La franchise.

LE MAITRE : En quoi consiste la *franchise* ; quels faits connaissez-vous relatifs à cette qualité?

FAITS. Sésostris était sincère et généreux (II, § 15). Aceste fut étonné de ces paroles que Mentor lui disait avec une assurance qu'il n'avait jamais trouvée en aucun homme (I, § 33).

Il (un roi) est perdu s'il n'aime ceux qui disent hardiment la vérité (II, § 17).

Télémaque détestait le mensonge (liv. III, § 34).

Narbal informait franchement Télémaque des vices de Pygmalion, mais sa franchise était soumise à la raison (III, § 13).

Quand Télémaque disait à Aceste qu'il était le fils d'Ulysse, sa franchise venait de l'orgueil, de l'indignation, du désespoir, et elle excitait la haine, la vengeance et la colère des Troyens (I, § 28).

Quand Aceste interrogea Mentor et Télémaque, Mentor évita de dire toute la vérité ; il parla avec prudence et réserve, connaissant la haine des Troyens pour les Grecs. Cependant il se garda bien de mentir.

LE MAITRE : La franchise nous fait-elle estimer?

FAITS. Narbal aimait la vérité, et il estimait la franchise de Télémaque.

96e SUJET. *La franchise.*

Synthèse déduite des faits qui précèdent.

La franchise consiste à parler comme on pense, à dire hardiment la vérité, et à détester le mensonge.

Cette qualité doit être, toutefois, soumise à la raison, car ; lorsqu'au lieu de venir de l'indépendance de l'âme, elle naît de l'orgueil, de l'indignation ou du désespoir, elle peut exciter la haine, la colère, et provoquer même des actes de vengeance. Aussi est-il des circonstances où l'on doit parler avec prudence plutôt qu'avec franchise, sans qu'on puisse cependant se laisser aller au mensonge ; mais la franchise plaît toujours à ceux qui aiment la vérité.

Justification.

LE MAÎTRE. Motivez vos réflexions. — J'ai vu qu'un roi est perdu s'il ne déteste la flatterie, et s'il n'aime ceux qui disent hardiment la vérité, c'est-à-dire, qui parlent comme ils pensent. La franchise de Télémaque chez Aceste, n'était point soumise à la raison. Comme elle venait de l'orgueil, de l'indignation, elle excita la haine et la vengeance des Troyens : Télémaque aurait dû, dans cette circonstance, imiter la réserve de Mentor, et parler avec prudence plutôt qu'avec franchise.

L'instruction.

LE MAÎTRE : Qu'est-ce que *l'instruction*, quels faits relatifs à l'instruction votre livre contient-il ?

UN ÉLÈVE : Faute de quelque instruction qui pût nourrir mon esprit et le soutenir (ii, § 25).

LE MAÎTRE : Quels sont les effets de l'instruction ?

UN AUTRE ÉLÈVE : Télémaque instruit par l'oracle de Minerve, dit : je me trouvai un nouvel homme, la sagesse éclairait mon esprit (ii, §§ 23, 24).

Bocchoris n'avait jamais été instruit par la mauvaise fortune (ii, § 44).

Apollon apprit aux bergers quels sont les charmes de la vie champêtre…. Bientôt les bergers se virent plus heureux que les rois (ii, §§ 31, 32).

Termosiris dit à Télémaque, en parlant des bergers d'Oasis : adoucissez leurs cœurs farouches, montrez leur l'aimable vertu (ii, § 53).

LE MAITRE : Profitons-nous toujours de l'instruction qu'on nous donne ?

FAITS. Heureux, disait Mentor, le peuple qui est conduit par un sage roi,.... (instruction donnée à Télémaque (ii, § 5). Télémaque lui répondait : Hélas ! il n'est pas question de songer aux maximes suivant lesquelles on doit régner (ii, § 6).

Indigne fils du sage Ulysse, quoi donc ! vous vous laissez vaincre à votre malheur ! sachez que vous reverrez un jour l'île d'Ithaque et Pénélope..... Je remarquais ce que disait Mentor, et je sentais renaître mon courage à mesure que ce sage ami me parlait (ii, § 9).

97e SUJET. *L'instruction.*

Synthèse.

L'instruction est la nourriture et le soutien de l'esprit. Elle adoucit les mœurs, fait aimer la vertu et montre à l'homme l'art d'être heureux dans quelque humble condition que le sort l'ait placé.

De combien de jouissances n'est point privé celui qui, dans des circonstances malheureuses, ne sait trouver en lui-même le remède contre ce qu'il appelle l'ennui de la solitude ! la solitude si chère et si précieuse à ceux qui se plaisent à cultiver leur esprit par les sciences !

Source des idées.

LE MAITRE : Motivez : *l'instruction est la nourriture et le soutien de l'esprit.* — J'ai vu que Télémaque était accablé de tristesse faute de quelque instruction qui pût nourrir son esprit et le soutenir.

Pourquoi dites vous *elle adoucit les mœurs, fait aimer la vertu,* etc. — Bocchoris qui n'avait jamais été instruit par la mauvaise fortune, et dont les maî-

tres avaient empoisonné par la flatterie le bon naturel était d'une fierté brutale.

Apollon ayant montré aux bergers les arts qui
peuvent rendre la vie agréable, ceux-ci dans leur
humble condition, se virent plus heureux que les
rois (II, § 31).

Le reste se justifie par les mêmes faits.

L'ennui.

LE MAITRE : Qu'est-ce que l'ennui, d'où provient-il ?

UN ÉLÈVE : Télémaque lassé de vivre toujours en
suspens et dans l'incertitude … (I, § 20.)

Pygmalion était seul, triste, abattu au fond de son
palais (III, § 12).

L'ennui qui dévore les hommes, au milieu même
des délices, est inconnu à ceux qui savent s'occuper
par quelque lecture (II, § 25).

LE MAITRE : Que faut-il faire pour éviter l'ennui ?

FAITS. Pour mieux supporter l'ennui de la captivité et de la solitude, je cherchai des livres (II, § 25).

Les Tyriens étaient industrieux, patients, laborieux (III, § 23). On ne voyait point à Tyr, comme
dans les villes de la Grèce, des hommes oisifs et curieux, qui vont chercher des nouvelles dans la place
publique, ou regarder les étrangers qui arrivent sur
le port (III, § 22).

98e SUJET. *L'ennui.*

Synthèse déduite des faits qui précèdent.

L'ennui est un état pénible dans lequel l'homme
se trouve à charge à lui-même.

L'ennui peut naître de plusieurs causes : la solitude et le désœuvrement en sont les plus fréquentes ;
une incertitude prolongée peut aussi le faire naître.

Le sage ne le connaît point; dans la solitude même, il porte avec lui de quoi s'entretenir.

Le remède contre l'ennui est presque toujours à la portée de l'homme. Heureux s'il s'en servait, car il consiste dans l'accomplissement de ses devoirs et dans l'emploi utile du temps.

Justification.

LE MAITRE : Motivez votre première phrase. — Télémaque lassé de vivre toujours en suspens, était dans un état pénible. Dans le désert d'Oasis, il cherche des livres pour supporter l'ennui de la solitude; il s'ennuyait aussi d'être dans l'incertitude sur le sort de son père. Le sage ne connaît point l'ennui : Termosiris, prêtre d'Apollon, Philoclès, dans l'île de Samos, Télémaque, après avoir suivi le conseil de Termosiris, de faire fleurir le désert, n'éprouvait point d'ennui, etc.

99ᵉ SUJET. *L'ennui.*

Autre synthèse.

Qu'est-ce que l'ennui ? C'est un mal qui dessèche le cœur sans pouvoir le détruire; c'est ce dégoût universel pour tout ce qui nous environne; c'est cet état pénible dans lequel l'homme lassé de tout, désire toujours sans jamais rien vouloir; c'est cette humeur noire et chagrine qui répand au dehors comme au dedans, je ne sais quoi de sombre; c'est cet épuisement des forces morales, qui empêche de résister aux maux imaginaires que l'on croit souffrir (1).

L'ennui tourmente même au milieu des délices; c'est un trait empoisonné que l'on porte toujours avec soi, il suit partout sans qu'on puisse se l'arracher du cœur.

L'homme, dans cet état, cherche souvent à s'étourdir par l'ébranlement de ses passions; il fait succéder le plaisir au plaisir, la jouissance à la jouissance, et cependant il trouve encore au fond de son cœur, ce vide qu'il ne peut remplir (2). Malheureux qui ne comprend point que le bonheur, qui fuit les hommes désœuvrés, est le partage de ceux qui savent s'occuper de quelque chose d'utile !

Justification.

(1) Tout ce qui précède a été dit sur Pygmalion.

(2) Nabopharsan dit : On inventait chaque jour de nouveaux plaisirs pour me rendre la vie plus délicieuse.... Je tâchais de m'étourdir moi-même par l'ébranlement de mes passions ; j'avais soin d'entretenir cette ivresse pour la rendre continuelle : le moindre intervalle de raison tranquille m'eût été trop amer (liv. XVIII, §§ 11 et 12). Les autres réflexions sont déduites des mêmes faits que la synthèse précédente.

L'avarice.

LE MAITRE : Qu'est-ce que l'avarice ?

FAITS (1). Pygmalion était avare, il se rendait chaque jour plus misérable et plus odieux (III, § 10).

(2) Il usait de supercherie pour surprendre les marchands et pour confisquer leurs marchandises (III, § 27).

(1) Les dieux l'accablaient de trésors dont il n'osait jouir (III, § 11).

LE MAITRE : L'avarice empêche-t-elle d'être heureux ?

FAITS (3). Pygmalion ne cherchait qu'à se rendre heureux ; il croyait y parvenir par ses richesses ; il possédait tout ce qu'il pouvait désirer, et cependant il était misérable par ses richesses et par son autorité même (III, § 15).

(4) Pygmalion ne dormait ni nuit ni jour, il était

accablé d'inquiétudes et de tourments, car tout l'agitait et l'inquiétait (11e, § 11).

LE MAITRE : Les avares sont-ils aimés ?

FAITS (5). Pygmalion était odieux à ses sujets, à ses enfants et à ses domestiques, parce que l'avarice le rendait défiant, soupçonneux, cruel (111, §§ 10, 12).

100e SUJET. *L'avarice.*

Synthèse déduite des faits qui précèdent.

L'avarice est un vice qui rend l'homme misérable et odieux (1), car l'avare n'ose jouir de ses richesses, et il est rarement délicat sur les moyens de les augmenter (2). Et cependant cet or qu'il amasse pour être heureux, est la cause même de son malheur (3) ; rongé d'inquiétude, il ne connaît point la douceur du repos, ni l'amitié encore plus douce (4), car son caractère défiant et soupçonneux éloigne de lui les autres hommes : il n'a pas un ami (5).

Justification.

LE MAITRE : Justifiez vos réflexions. — J'ai dit, etc. (Les numéros qui terminent les phrases de cette synthèse, correspondent à ceux qui se trouvent au commencement des faits qui la précèdent.)

Services.

LE MAITRE : qu'est-ce qu'on entend par le mot services ?

FAITS. O Aceste ! si le malheur du jeune Télémaque..... ne peut vous toucher, du moins que votre propre intérêt vous touche. La science que..... etc. (*avertissements, conseils*) (1, § 32).

Hâtez-vous de nous secourir : Mentor montre dans ses yeux....., il range les soldats d'Aceste, marche à leur tête (*secours généreux*) (1, § 35).

LE MAITRE : Qu'éprouvons-nous quand on nous a rendu service, et qu'est-ce que ce sentiment nous commande de faire ?

FAITS. Aceste, touché de reconnaissance, nous avertit qu'il craignait tout pour nous..... Il nous donna un vaisseau pour retourner en notre pays, nous combla de présents.....etc (1, § 57).

LE MAITRE : Comment devons-nous traiter ceux qui nous rendent service ?

FAITS. Télémaque avait beaucoup de respect pour Termosiris, et d'estime pour Narbal.

LE MAITRE : Quels effets produisent quelquefois les grands services qu'on nous rend ?

FAITS. Narbal avait rendu de très-grands servic s à Télémaque : quand celui-ci quitta Narbal, il l'arrosa de ses larmes (III, § 44, 45).

101e SUJET. Services.

Synthèse déduite des faits qui précèdent.

On entend par le mot *services* des avertissements utiles, des conseils sages ou des secours généreux, qu'on donne à ceux qui en ont besoin.

Quand on nous rend des services importants, nous devons être touchés de reconnaissance ; alors ce sentiment nous commande de rendre aussi des services à ceux de qui nous en avons reçu : nous devons traiter avec estime et respect ceux qui nous rendent service.

Il y a des services si grands, que nous ne pouvons en témoigner notre reconnaissance que par nos larmes.

Source des idées.

LE MAITRE : Pourquoi dites-vous : on entend par le mot service des avertissements utiles, des conseils sages, des secours généreux .... Motivez ces réflexions en montrant les faits d'où vous les avez déduites.

L'ÉLÈVE: Mentor dit à Aceste : « Avant que trois jours soient écoulés, vous serez attaqué par des peuples barbares. » C'était un *avertissement utile.* Il ajoute : « Hâtez-vous de les prévenir, mettez vos peuples sous les armes, et ne perdez pas un moment. » C'était un *conseil sage.* Enfin, Mentor range les soldats d'Aceste, il marche à leur tête et s'avance en bon ordre vers les ennemis..... C'était de la part de Mentor, un *secours généreux.*

LE MAITRE: Motivez. *Nous devons être touchés de reconnaissance....., rendre des services à ceux de qui nous en avons reçu.* — J'ai vu qu'Aceste, touché de reconnaissance, avertit Télémaque et Mentor qu'il craignait tout pour eux, si les vaisseaux d'Enée revenaient en Sicile ; il leur donna même un vaisseau pour retourner en leur pays, les combla de présents, etc.

LE MAITRE : Quel fait regardiez-vous en disant : *on doit traiter avec estime et respect ceux qui nous rendent service ?* — Je considérais le respect de Télémaque pour Termosiris, qui l'avait consolé dans le désert d'Oasis.

LE MAITRE: Quel fait du Télémaque vous fait dire : *il y a des services si grands qu'on ne peut en témoigner sa reconnaissance que par ses larmes ?* Motivez cette réflexion. — Je pensais aux adieux de Narbal, qui avait rendu à Télémaque les plus grands services à Tyr ; Télémaque dit : Quand il eut achevé ces paroles je l'arrosai de mes larmes sans lui répondre : de profonds soupirs m'empêchaient de parler : nous nous embrassions en silence.

LE MAITRE: Justifiez vos expressions : vous dites *des conseils sages qu'on donne à ceux,* etc.; l'expression *donner des conseils* est-elle française ? — J'ai vu, *Télémaque reconnut enfin..... la sagesse des* CON-SEILS *que Mentor venait de lui* DONNER (1, § 18).

Vous dites : *Nous devons être touchés de reconnaissance*, cette alliance de mots *touché de reconnaissance*, est-elle française ? — Oui, car Fénelon l'emploie : Aceste *touché de reconnaissance nous avertit* (1, § 37).

162e SUJET. *Le souvenir.*

Synthèse.

Revoir par la pensée des personnes qu'on a connues, se repeindre leurs traits, c'est se souvenir (1).

Le souvenir est triste et pénible lorsqu'il a pour objet des personnes qui nous sont chères, et que des circonstances ont éloignées (2); agréable s'il nous rappelle d'heureux moments (3).

Les événements inattendus et ceux qui frappent vivement l'esprit, y laissent des traces trop profondes pour s'en effacer. On en conserve toujours le souvenir (4).

Source des idées.

(1) Calypso revoyait Ulysse par la pensée.

(2) Tout lui en rappelait le triste souvenir.

(3) Télémaque conservait un souvenir agréable des bergers du désert d'Oasis ; il disait, en parlant de Pygmalion : « S'il était berger comme je l'étais naguère, il serait aussi heureux que je l'ai été » (liv. III, § 15).

(4) Je me souviendrai toute ma vie d'avoir vu cette tête qui nageait dans le sang....., toute ma vie il sera peint devant mes yeux (liv. I, § 46).

103e SUJET. *Le courage.*

Sur le combat de Télémaque contre le lion (II, § 36).

Mais ce qui acheva de me rendre fameux...p. 110.

Synthèse.

L'homme courageux est toujours prêt à combattre, fût-il même sans armes (1) ; il sait profiter des moindres avantages qu'il rencontre (2). Il ne se trouble point à la vue du péril, quelque grand qu'il soit (3), et sa valeur augmente avec le danger (4).

Source des idées.

(1) Télémaque n'avait en main que sa houlette.

(2) Sa petite cotte de mailles empêche le lion de le déchirer.

(3) Télémaque ne se trouble point à la vue du péril, il s'avance hardiment contre un lion qui montre ses dents et ses griffes.

(4) Sa valeur augmente avec le danger : après avoir abattu trois fois le lion, qui se relève trois fois, Télémaque l'étouffe entre ses bras.

104ᵉ SUJET. *L'orgueil.*

Synthèse sur Bocchoris, §§ 41 et 44.

L'orgueil remplit l'homme de mépris pour les autres, et d'admiration pour lui-même (2). Prenant sa source dans la flatterie ou dans l'idée de son propre mérite, il corrompt le cœur et donne naissance à plusieurs vices (3) : l'inhumanité, le mépris de ce qui est digne d'estime, l'amour de la flatterie.

L'inhumanité, parce que l'orgueilleux n'est touché que de ce qui l'intéresse (4) ; le mépris des hommes vertueux, parce qu'il se trouve seul digne d'estime (5) ; l'amour de la flatterie, parce qu'il croit ne pouvoir jamais être trop loué (6).

S'il exerce quelque pouvoir, il le fait rudement sentir à ses inférieurs (7) ; leur parlant avec hauteur, c'est à peine s'il daigne les honorer d'un regard (8). La moindre de ses volontés est une loi qu'on ne viole pas impunément. Despote insensé, la moindre résistance l'irrite et le porte à des actes de violence ; éloignant ainsi ceux qui l'aimaient (9), ne faut-il pas autant le plaindre que le blâmer ?

Source des idées.

(1) J'ai traité l'orgueil d'après Bocchoris, parce que Fénelon dit, XI, § 44 : *son orgueil furieux en faisait une bête farouche.*

(2) Bocchoris comptait pour rien les hommes....., croyant qu'il était d'une autre nature qu'eux.

(3) *Dans la flatterie:....,* il ne songeait qu'à suivre le conseil flatteur des jeunes insensés..... *Dans l'idée de son propre mérite.....,* croyant qu'il était d'une autre nature qu'eux....., il était enivré de sa puissance et de son bonheur.

(4) Croyant qu'ils n'étaient faits que pour lui.

(5) Il écartait avec mépris tous les sages vieillards qui avaient eu la confiance de son père.

(6) Il n'aimait plus que ceux qui flattaient ses passions (II, § 44).

(7) Il ne songeait qu'à tourmenter les peuples (41).

(8) Il écartait avec mépris tous les sages vieillards.

(9) La moindre résistance enflammait sa colère..., ses plus fidèles serviteurs étaient réduits à s'enfuir.

105ᵉ SUJET. *Les malheurs.*

Synthèse.

Les malheurs sont des afflictions dont la vie de l'homme est semée (1) ; ils nous éprouvent et exercent notre patience (2).

Celui qui a éprouvé des malheurs est plus sensible qu'un autre aux peines de ses semblables, car il comprend mieux leur douleur (3).

L'homme le plus vertueux, s'il n'a jamais essuyé

de malheurs, n'est point parfait, car il n'a point appris à souffrir (4).

Source des idées.

1. Tous les personnages du Télémaque ont éprouvé des malheurs plus ou moins grands.

2. C'est pour exercer votre patience, disait Mentor à Télémaque, que les dieux vous tiennent ainsi en suspens (liv. XXIV, § 27).

3. Le cœur de Télémaque était attendri pour un homme vertueux, errant et malheureux...? (XXIV, § 22). Les malheurs lui avaient appris à compatir aux peines des autres (XXI, § 16).

4. Il manque quelque chose à la gloire des grands hommes, lorsqu'ils n'ont jamais souffert (XXI, § 16, et XXIV, § 31).

106e SUJET. *Le malheur.*

Synthèse.

Qu'est-ce que le malheur? Pour un ami, c'est la perte de son ami (1); pour un ambitieux, celle de ses dignités (2); pour un avare, celle de son trésor (3). Mais qu'est-il pour l'homme sage? il n'est rien, car qu'est-ce qui pourrait l'affliger? Serait-ce la perte de ses dignités? n'ayant point d'ambition, il regarde sa disgrâce comme un moyen assuré que lui donne la Providence, de pratiquer la vertu qu'il aurait pu perdre dans la prospérité (4); celle de son trésor? il le porte avec lui, c'est le bon témoignage de sa conscience (5); celle de son indépendance? Eh! ne sait-il pas qu'on est toujours libre dans l'esclavage même, pourvu que l'infortune ne soit pas augmentée par l'imagination, et qu'on sache proportionner ses désirs aux ressources de son état (6)?

Source des idées.

1° Calypso après le départ d'Ulysse. Télémaque

séparé de Mentor en Égypte dit: Cette séparation fut un coup de foudre pour moi.

2. Protésilas disgracié.

3. Pygmalion craignait toujours de perdre.

4. Aristodème, en Crète (VI, § 12); Philoclès, dans l'île de Samos (XV, §§ 17, 18, 20); Polydamas (IV, XXI, §§ 18, 19).

5. Hégésipe s'avance vers la grotte de Philoclès, et la trouve ouverte; car la pauvreté et la simplicité des mœurs de Philoclès faisaient qu'il n'avait, en sortant, aucun besoin de fermer sa porte (XIV, § 12).

6. En quelque pays et en quelque condition qu'on soit, on est très-libre, pourvu qu'on craigne les dieux... Celui qui, dégagé de toute crainte et de tout désir, n'est soumis qu'aux dieux et à la raison (V, § 29).

107ᵉ SUJET. *Un malheur et le malheur.*

Synonyme.

Un malheur n'est qu'un accident fâcheux (1), tandis que *le malheur* est une suite de maux (2).

Un malheur saisit, *le malheur* accable. Le malheur est une persécution continuelle de la fortune, c'est un enchaînement de *malheurs* (3).

Un malheur peut être réparé, le malheur nous poursuit sans cesse (4).

Un *malheur* nous attriste vivement, mais cette douleur s'efface peu à peu; au lieu que le *malheur* nous cause des peines qui sont rarement passagères.

Le *malheur* est comme un feu ardent, un *malheur* n'en est qu'une étincelle.

Source des idées.

1. Télémaque dit à Sésostris : Je cherche mon père, et *un malheur* semblable au sien fait que j'ai été pris; c'est à dire, *un accident fâcheux* fait que

j'ai été pris. Le chef des Mandariens dit à Mentor : O sage vieillard ! c'est par *un grand malheur* (le massacre des envoyés) que nous avons appris à connaître les Salentins (liv. XI, § 6).

2° Le malheur (c'est-à-dire la suite des maux) dépend moins des choses qu'on souffre, que de l'impatience avec laquelle on augmente son malheur (V, § 30).

3° Je racontais... les malheurs qui étaient venus fondre sur moi dès que j'avais cessé de suivre ses conseils (VI, § 7).

4° Quand Télémaque dit à Sésostris : *Un malheur semblable au sien fait que j'ai été pris*, ce malheur pouvait être réparé par un ordre du roi, de mettre le fils d'Ulysse en liberté ; et Télémaque d'abord vivement affligé, s'en consola peu à peu, avec les bergers du désert.

––––––––––

108ᵉ SUJET. *La solitude.*

Synthèse.

La solitude est une retraite bien douce, bien chère aux âmes pures (1).

Dans la solitude, le sage s'estime heureux de n'avoir plus à craindre ni les intrigues des hommes, ni les caprices des grands (2). N'aspirant qu'à la tranquillité de l'âme et n'ayant que peu de besoins, il jouit du présent et vit sans crainte de l'avenir. S'il est sans commerce avec les hommes, il trouve du bonheur dans le charme de l'étude (3); et toujours un paisible sommeil vient succéder aux plaisirs innocents de chacune de ses journées.

Le méchant aussi recherche la solitude, mais c'est pour y faire le mal sans témoin (4); l'avare, pour y jouir à la vue de ses trésors (5), et le malheureux, pour y pleurer en liberté (6).

Source des idées.

1. Philoclès, dans l'île de Samos, dit : J'y ai goûté depuis tant d'années plus de douceur et de repos (XIV, § 17). Je lui dois ma chère solitude.

2. Les hommes ne me trompent plus ; car je ne vois plus les hommes. *Ibidem.*

3. Philoclès jouissait, dans sa solitude, d'un calme profond, d'une douce liberté, dont la sagesse de ses livres lui apprenait à faire un bon usage (XIV, § 17).

4. Timocrate demande à Philoclès un entretien *particulier* pour pouvoir l'assassiner (XIII, § 22).

5. Pygmalion au fond de son palais.

6. Calypso, se promenant seule sur le rivage de la mer.

109e SUJET. *La Jalousie.*

Synthèse.

Il est un vice qui ronge le cœur et y porte le trouble et la haine (1) ; qui rend malheureux du bonheur d'autrui (2) ; qui fait accepter des souffrances pourvu que d'autres souffrent (3) ; qui trouble la paix des familles (4), sème les divisions, flatte pour déchirer (5), rabaisse le mérite qui offusque (6) ; qui peut même conduire au crime (7) : ce vice affreux c'est la jalousie. Honteux de lui-même, il naît ordinairement de l'infériorité (8), s'il ne décèle pas une âme incapable de nobles sentiments (9).

Source des idées.

1. Il ne me sert donc de rien d'avoir voulu troubler, etc. (VII, § 26 « o »).

2. Achitoas, qui avait eu le loisir de cacher sa jalousie, commença à donner des louanges à Mentor, mais il rougit en le louant, et il ne put achever son discours (VIII, § 33 « 8 »).

3. Que mes yeux le voient mangé par les vautours... Elle en aura le cœur déchiré et son désespoir fera mon bonheur ! (VII, § 20 « o »)

4. Toutes les nymphes jalouses sont prêtes à s'en-
tre-déchirer (VII, § 38 « o »).

5. Protésilas dit à Idoménée : J'avoue que Philoclès a du courage et du génie pour la guerre : il
vous servira mieux qu'un autre (XIII, § 9). Ensuite il
veut le faire mourir.

6. Protésilas me persuada insensiblement que
Philoclès était un esprit chagrin et superbe, qui
critiquait toutes mes actions (XIII, § 7).

7. Protésilas surpend à Idoménée un ordre de
mort contre Philoclès (XIII, § 20).

8. Mentor prit une lyre et en joua avec tant d'art
qu'Achitoas jaloux laissa tomber la sienne de dépit
(VIII, § 30 « 5 »).

Eucharis ne saurait comme moi lui donner l'immortalité (VIII, § 35 « o »).

110e SUJET. — L'Espérance.

Synthèse.

Cette douce et agréable sensation de l'âme (1) qui
fait attendre un meilleur sort (2), qui fait naître la
joie au fond du cœur (3), c'est l'espérance.

C'est elle qui console le malheureux et qui relève
son esprit abattu (4). La fortune continue-t-elle à le
persécuter (5), se voit-il même réduit à la plus pénible extrémité (6), il se soutient tant que l'espérance l'accompagne (7). Sous son heureuse influence, il travaille à surmonter les obstacles qu'il
rencontre et à triompher de l'adversité qui l'accable (8).

Sources des idées.

1. Ouvre ton cœur aux plus douces espérances
(IV, § 12 « o »).

2. L'espérance commença à reluire au fond de mon cœur (III, § 2).

3. Ces paroles divines entrèrent jusqu'au fond de mon cœur et y firent renaître, etc. (II, § 24).

4. Je sentais une douce force pour modérer, etc. (II, § 24).

5. Il ne me restait plus aucune espérance (II, § 20).

6. Je m'étendis..... auprès d'une caverne où j'attendais la mort, ne pouvant plus supporter mes peines (II § 22).

7. Télémaque est ranimé par la voix mugissante (II, § 24).

8. Je me fis aimer de tous les bergers du désert : ma douceur, ma patience, mon exactitude apaisèrent enfin, etc. (II, § 24).

IIIe SUJET. *La modestie.*

Synthèse.

La modestie est une sorte de retenue dans le maintien, les paroles et les actions (1). C'est une vertu qui fait mieux ressortir les autres bonnes qualités, et qui les rend aimables, pourvu qu'elle n'ait rien d'affecté (2). Elle est le principal ornement de la jeunesse (3). Une personne modeste ne recherche point les louanges, elle fuit même les occasions de se les attirer (4), et se trouble lorsqu'on lui en adresse (5). Comme le timide embarras qu'elle éprouve alors contribue à la rendre intéressante (6).

Source des idées.

1. La modestie est une retenue dans le maintien : *Mentor, les yeux baissés;* dans les paroles : *gardant un silence modeste;* dans les actions : *suivait Télémaque.*

2. Mais les grâces y étaient affectées (IV, § 19 «o»).

3. On n'y voyait point une noble simplicité, qui fait le plus grand charme, etc, *ibidem.*

4. Le roi fit chanter Antiope...., elle le fit pour ne pas désobéir à son père, mais avec tant de modestie et de tristesse, qu'on voyait bien la peine qu'elle souffrait (XXIII, § 11 « o »).

5. Télémaque loué dans l'assemblée des rois ligués, rougit, etc.; il aurait voulu pouvoir se cacher; ce fut la première fois qu'il parut embarrassé et incertain (XXI, § 6).

6. Ce qui me touche, c'est son silence, sa modestie, sa retraite (XXII, § 17).

112e SUJET. *Parler.*

Synthèse.

Parler, employé au propre, signifie se faire entendre par des paroles, exprimer de vive voix les impressions que l'on ressent (1). Pris au figuré, c'est aussi une manière de se faire comprendre, bien plus expressive même que la première : les regards, les gestes, la démarche parlent et trahissent souvent nos mœurs et nos sentiments les plus cachés (2). Les animaux, les plantes, la nature entière (3), tout parle et nous révèle l'existence d'un être suprême, créateur et conservateur de tout ce qui est (4). La conscience surtout parle, sa voix perçante se fait entendre à tous les hommes et poursuit sans cesse ceux qui refusent de l'écouter (5).

Chaque objet parle à sa manière, mais peu de personnes entendent ce langage, si ce ne sont celles qui ont une âme sensible et un esprit cultivé (6).

Justification.

1. Télémaque ne put lui résister et il *parla* ainsi (I, § 19); c'est-à-dire, il s'exprima ainsi de vive voix : L'amour d'une vaine gloire vous a fait parler sans prudence (IV, § 3).

2. La joie de son cœur éclatait malgré elle sur son visage..... Calypso aperçut que Télémaque était saisi

de douleur......; elle appréhenda de laisser voir son trouble (1, § 22).

3. Quand on sait goûter ce que la simple nature a de gracieux (II, § 31).

4. Les dieux décident de tout, fussiez-vous au fond des abîmes (VI, § 21) (22).

5. Voir Pygmalion (liv. III).

6. Les bergers, instruits par Télémaque, devinrent sensibles aux beautés de la nature.

113e SUJET. Le jour et la nuit.

Synthèse.

Le jour est le temps destiné au travail, et la nuit celui consacré au repos (1).

Que la nuit paraît douce à celui qui n'a rien à se reprocher, et qui a bien travaillé pendant le jour (2); mais, au contraire, qu'elle paraît triste et longue à celui qui n'a rien fait, ou qui a fait le mal! Les remords le tourmentent et lui ôtent le sommeil (3), et cependant, quoiqu'elle soit pénible aussi au méchant, il l'attend quelquefois avec impatience pour mettre à exécution ses noirs projets (4).

L'homme laborieux voit arriver le jour avec impatience, car il aime le travail et s'ennuie dans l'oisiveté, tandis que le paresseux voudrait que la nuit n'eût pas de fin (5).

On ne peut goûter avec plaisir les douceurs de la nuit que lorsqu'on a bien travaillé pendant le jour (6).

Justification.

1. Les chefs animaient le peuple au travail dès que l'aurore paraissait (IX, § 18). Tous les maux du travail finissent avec la journée (XII, § 52).

2. Chacun s'endort sans prévoir les peines du lendemain (XII, § 52).

3. Pygmalion ne dort ni nuit ni jour, il ne peut ca-

cher les remords qui déchirent ses entrailles (III, §§ 11, 12).

4. Ils prirent des mesures pour faire naufrage pendant la nuit, et ils jetèrent le jeune prince (Baléazar) au fond de la mer (VIII, § 10 « VII, § 20 »).

5. Il est temps de vaincre le sommeil (IV, § 7).

6. Les laboureurs, après avoir bien travaillé, s'endormaient avec plaisir (liv. VIII). Description de la Bétique.

114ᵉ SUJET. *Le bonheur.*

Synthèse.

Le bonheur est un état de l'âme, dans lequel l'homme se complaît selon ses goûts, ses penchants, ses désirs. L'avare le met dans les richesses, l'ambitieux dans les honneurs, le conquérant dans la gloire (1).

Le méchant, aussi, est heureux quelquefois ; mais c'est du mal qu'il a fait (2).

L'espérance fait le bonheur de l'homme sur la terre, elle lui rend la vie douce ; et l'avenir se montre à lui sous un aspect enchanteur (3).

Le bonheur ne se trouve pas toujours dans les lieux ou règnent le luxe, la magnificence, les plaisirs : il est plus souvent dans l'asile du pauvre, sous son humble toit (4).

Pourquoi le bonheur est-il si rare sur la terre ? Pourquoi est-il mélangé de tant de peines et de soucis ? C'est que bien souvent on le cherche dans ce qui peut satisfaire l'amour-propre, et non dans l'accomplissement des devoirs ; car le vrai bonheur ne se trouve que dans la vertu (5).

Justification.

1. Lorsque les vieillards proposèrent la question : « Quel est le plus malheureux de tous les hommes ? » tous les avis furent différents (V, § 30).

2. Le plus malheureux de tous les hommes, a dit Fénelon, est celui qui croit être heureux en rendant les autres hommes misérables (v., § 31).

3. Tout est fini pour moi (Nestor); l'espérance, seul adoucissement des peines des hommes, n'est plus un bien qui me regarde (par contraste) (xx, § 36).

4. Philoclès dit à Hégésipe : Voyez-vous cette grotte, plus propre à cacher des bêtes sauvages qu'à être habitée par des hommes, j'y ai goûté, depuis tant d'années, un bonheur que je n'ai jamais pu trouver dans les palais dorés (xiv, § 17).

5. Nabopharzan était malheureux au milieu des plus grandes délices, parce qu'il ne connaissait pas la vertu (xviii, § 11).

115e sujet. Un rêve.

Synthèse.

Un rêve, c'est l'action de la pensée pendant le sommeil; c'est une illusion, un mensonge innocent qu'on se fait à soi-même (1).

Quoiqu'un rêve soit toujours vain, il en résulte cependant quelquefois un malaise, une gêne indéfinissable (2).

Qu'un rêve est singulier! tantôt il fait naître les images les plus sombres, les plus sinistres; il va frapper de douleur le cœur d'un ami en le privant de l'objet de ses affections (3); ou tantôt flattant nos goûts, nos caprices par les plus riantes chimères (4), il couronne le guerrier de lauriers immortels (5); il découvre à l'avare un trésor caché (6); il donne au poëte la palme de la gloire (7). Mais hélas! toutes ces séduisantes images naissent avec le rêve et disparaissent avec lui (8).

Justification.

1. Pendant mon silence, un sommeil doux et

puissant vint me saisir... tout à coup je crus voir Vénus, etc. (IV, § 12 « o »).

2. Tel qu'un homme dormant qui, dans un songe, est oppressé jusqu'à perdre la respiration.

3. Mais ce qui me perça le cœur fut que Mentor avait perdu la vie (IV, § 15 « o »).

4. Tantôt il croyait voir Ulysse dans une île fortunée (XVIII, § 2).

5. Des hommes couronnés de fleurs. *Ibidem.*

6. Il voyait ensuite un palais tout éclatant d'or et d'ivoire.

7. Je crus voir les champs Elysées. *Ibidem.*

8. Télémaque en s'éveillant s'attristait de ces songes si agréables (XVIII, § 3).

116e SUJET. *Le silence.*

Synthèse.

Qu'il est parfois éloquent, le silence ! combien il exprime de choses (1) !

C'est le langage du cœur, agité par des sentiments vifs, tristes ou délicieux (2). Dans le mérite, c'est la marque de la modestie (3).

On se dégoûte aisément du bruit et du trouble ; mais le silence plaît toujours, il porte l'âme à la réflexion et à la prière (4).

Lorsque l'homme est en proie au désordre de ses passions, il s'agite, il tâche de s'étourdir lui-même, il évite le moindre instant de calme et de solitude avec sa conscience : il craint ses reproches ; son silence même en est un pour lui (5).

Qu'il est beau, qu'il est majestueux, le silence de la nuit ! C'est surtout à ce moment que l'âme est portée à s'élever vers son créateur pour le remercier de ses bienfaits (4).

Justification.

1. Le silence exprimait la douleur chez Calypso

(I, § I) ; l'admiration chez la même (I, § V); la jalousie chez Achitoas (VIII, § 33 « o »).

2. Douleur et admiration (I, §§ 1 et 5).

3. Mentor gardait un silence modeste (I, § 6).

4. Télémaque se dérobe du camp pendant la nuit; il marche à la clarté de la lune, et il invoque cette puissante divinité (XVIII, § 8).

5. Voir Nabopharzan (XVIII, § 12).

117ᵉ SUJET. *L'illusion.*

Synthèse.

L'imagination de l'homme, toujours portée à s'entretenir de ce qui lui plaît et lui sourit, se berce de fausses mais douces idées, et vit dans l'illusion d'une consolante espérance. Qu'il est aveugle, pourtant, dans son rêve chimérique! il crée un bonheur qu'il ne doit pas goûter, tandis qu'il laisse échapper celui dont il pourrait jouir.

L'illusion commence par provoquer l'étonnement et finit par charmer l'esprit; elle enchaîne les sens, à notre insu, et cause une impression qui ressemble au saisissement et même à la crainte.

L'illusion est *le songe d'un homme éveillé*, et lui fait rêver le bonheur; mais hélas! trop souvent elle le réveille par la souffrance.

Justification.

A l'arrivée de Télémaque dans son île, Calypso conçoit l'espérance de l'y retenir, son illusion commence par l'étonnement que lui fait éprouver l'éloquence de Télémaque, et ne cesse qu'au moment où Mentor précipite le fils d'Ulysse dans la mer.

— Pour varier les exercices et fournir aux élèves de nouveaux sujets de compositions morales, on peut prendre un personnage du Télémaque, le suivre successivement et de vive voix, dans toutes ses actions , que l'on caractérise par les termes propres; puis on revient à l'examen d'une de ses qualités dominantes qui peut être alors le sujet d'une composition basée sur des faits.

En étudiant ainsi Calypso, on la trouve *dissimulée* dans le premier accueil qu'elle fait à Télémaque; *artificieuse* dans l'ordonnance du repas qu'elle lui offre ; *curieuse* par son désir de connaître les aventures du jeune homme ; *éloquente* dans les souhaits qu'elle lui adresse pour son repos , *insinuante* pour faire parler Mentor, etc.

En examinant la conduite de Mentor, on y voit la *sagesse* , la *prudence* , la *prévoyance* , la *douceur*, la *modération*, l'*adresse*, le *courage*, la *valeur* , la *présence d'esprit*, l'*intrépidité*, la *discrétion*, etc.

La conduite de Télémaque paraît *téméraire* , *imprudente*, *présomptueuse*, etc.

Reprenons l'étude morale de Mentor, en considérant surtout sa *sagesse;* il garde un silence modeste et se montre sage en ne se pressant point de parler, etc. (la justification des réflexions devant reproduire les mêmes faits, nous y renvoyons, pour abréger).

118e SUJET. *La sagesse.*

Synthèse déduite de l'étude de la conduite morale
de Mentor.

L'homme sage sait toujours garder une réserve convenable (1); il observe avec circonspection tous les événements dans lesquels il se trouve engagé et ne se livre point d'une manière aveugle aux empressements dont il est l'objet (2).

La sagesse mettant un frein salutaire aux passions ,

laisse à l'homme une tranquillité d'esprit qui lui permet d'apprécier les événements, et d'en prévoir les résultats (3) ; elle empêche aussi de sacrifier l'avenir au présent, en donnant la force nécessaire pour résister à quelques plaisirs passagers pour ne suivre que la raison.

L'homme sage pèse toutes ses paroles (4), calcule toutes ses démarches et ne commence aucune entreprise sans en avoir pesé toutes les chances (5) ; il se tient surtout en garde contre les promesses des hommes : il sait combien leur volonté est fragile et soumise aux événements (6).

Justification des réflexions.

1. Mentor, en gardant le silence, § 6, fait preuve de sagesse, ne voulant pas se confier aux personnes avec lesquelles il se trouve en rapport, avant que de les connaître.

2. C'est par sagesse qu'il garde cette réserve et ne se livre point aux empressements dont Télémaque et lui sont l'objet de la part de Calypso.

3. Fénelon nous montre toujours Mentor comme exempt de surprise, d'étonnement, de crainte, d'inquiétude, etc. Cette tranquilité d'esprit lui permet d'apprécier tous les événements dont il est témoin, de remarquer le plaisir que prend Télémaque en considérant la magnificence des habits déposés pour son usage dans la grotte, de lui découvrir l'artifice de Calypso, enfin de l'empêcher de sacrifier l'avenir au présent en lui rappelant les devoirs du fils d'Ulysse (*songez plutôt à soutenir la réputation de votre père*).

4. Mentor pèse ses paroles chez Aceste (*notre patrie n'est pas loin de là*).

5. Il conseillait à Télémaque de ne point entreprendre le voyage de Sicile, dont il prévoyait toutes les chances fâcheuses.

6. Lorsqu'au milieu de la tempête Télémaque,

s'écrie : *C'est vous , Mentor , que je croirai toujours,* celui-ci prévoit que quand le danger sera passé , la présomption reviendra peut-être.

119ᵉ SUJET. *Le courage.*

Synthèse déduite des faits de courage observés dans la conduite de Mentor.

Le courage consiste à ne rien craindre (1) : c'est une force d'âme qui met toujours l'homme au-dessus des événements, soit qu'il lui faille dans les combats marcher contre un ennemi (2) , soit qu'il ait à supporter toutes les rigueurs d'une vie malheureuse (3).

L'homme courageux est ferme et intrépide au milieu des dangers, il y conserve un calme et une présence d'esprit d'autant plus nécessaires que le moindre trouble causerait sa perte (4) ; il paraît se jouer des plus grands périls, comme un autre le ferait des circonstances les plus ordinaires (5).

Ce n'est pas un spectacle moins digne de tout notre intérêt que celui d'un de nos semblables exposé aux vicissitudes continuelles du sort (6) ; aussi excite-t-il au plus haut point notre admiration quand nous le voyons dans cette lutte avec la fortune , se relever plus fort à chaque instant où on le croirait abattu, et lasser, à force de persévérance, son implacable ennemie (7).

Justification des réflexions.

1. Mentor ne craint rien ni au milieu de la flotte troyenne, ni chez Aceste.

2. Mentor combattant les Himériens.

3. Mentor, esclave en Égypte et vendu à des Éthiopiens.

4. Mentor est ferme et intrépide au milieu de la flotte d'Enée, même plus gai qu'à l'ordinaire.

5. Il met des couronnes de fleurs sur la poupe du vaisseau.

6. Mentor condamné en Sicile, prisonnier en Egypte, vendu à des Ethiopiens ; enfin, dans la tempête excitée par Vénus (liv. VI).

7. Mentor sort vainqueur de toutes ces circonstances.

120ᵉ SUJET. *La témérité.*

Synthèse déduite des faits de présomption observés dans la conduite de Télémaque.

La témérité est une passion aveugle qui fait du moindre désir une résolution inébranlable (1). Fille de la présomption, elle ne voit que le but, sans considérer les obstacles ; car elle méconnaît la circonspection et rejette la prudence (2) ; c'est un mouvement irréfléchi qui pousse l'homme à sa perte, ou du moins qui s'oppose à son succès (3).

La témérité est toujours la preuve que l'homme n'a pas encore su profiter de l'expérience, aussi forme-t-elle un des défauts ordinaires à la jeunesse (4).

Justification des réflexions.

1. Télémaque veut aller chercher son père en Sicile, il n'est point détourné de ce projet par les conseils de Mentor.

2. Télémaque ne fait aucune attention aux Cyclopes et à la flotte d'Enée, que Mentor lui représente comme des obstacles.

3. Cette témérité de Télémaque eut occasionné sa perte, sans la sagesse de Mentor.

4. Télémaque était jeune et sans expérience.

121ᵉ **SUJET.** *L'imprudence.*

Synthèse déduite des faits d'imprudence pris dans la conduite de Télémaque.

L'imprudence provient d'un défaut d'appréciation du présent (1) et de l'imprévoyance de l'avenir (2) : c'est un défaut ordinaire à la jeunesse.

L'imprudent se laisse aller aux impressions du moment sans penser aux effet de sa légèreté (3). Il ne se défie pas assez de lui-même, il ne réfléchit pas à tous les obstacles ni à tous les dangers qui peuvent entraver ses entreprises. Si plusieurs partis se présentent, il ne prend pas soin d'examiner lequel offre le plus de chances de succès et le moins de périls ; il n'écoute que sa passion et méprise les conseils des hommes sages et expérimentés (4). L'imprudent parle sans penser aux sentiments qui animent ceux auxquels il s'adresse, et sans faire attention qu'il compromet ses propres amis avec lui (5).

Justification.

1. Télémaque n'appréciait pas le motif qui portait Calypso à lui demander le récit de ses aventures. Mentor lui dit (liv. IV, § 3) : Le plaisir de raconter vos histoires vous a entraîné... L'amour d'une vaine gloire vous a fait parler *sans prudence.*

2. Télémaque ne prévoit pas les malheurs qui l'attendent en Sicile.

3. Lassé de vivre dans l'incertitude, il se laisse aller à cette impression et part.

4. Arrivé à Lacédémone, il pouvait retourner à Itaque ; cependant il préfère aller en Sicile malgré les conseils de Mentor.

5. Télémaque parle à Aceste sans penser aux sentiments dont les Troyens sont animés contre les Grecs ; il compromet ainsi son sort et celui de son ami.

SYNTHÈSES

Par déduction, faites d'après les faits d'une seule phrase.

Lorsque les élèves ont acquis quelque habitude de la synthèse par déduction, le maître leur propose un cadre de faits plus étroit, en leur recommandant de faire le plus grand nombre de réflexions qu'il leur sera possible; il donne, par exemple, une phrase très-significative, dont chaque mot doit devenir l'occasion d'une ou de plusieurs réflexions.

L'élève fait d'abord une réflexion sur la phrase entière, et demande ensuite une inspiration à chaque mot, qu'il a soin de numéroter, pour faciliter la *justification*. Cette justification n'est jamais bien rigoureuse, parce que, ici, l'imagination fait la moitié des frais, et que le mot n'est, comme il vient d'être dit, que l'*occasion* d'une réflexion.

122ᵉ SUJET. *L'orgueil.*

Sur la phrase.

1   2   3   4   5
Je suis immortelle, nul mortel ne peut entrer dans
6   7   8
cette île sans être puni de sa témérité (liv. 1, § 16).

Synthèse.

L'orgueil est un vice qui nous porte à nous faire valoir, à parler des autres avec mépris et à leur faire sentir notre supériorité (*réflexion déduite de la phrase entière*).

L'orgueilleux se nomme le premier (1); il fait sonner ses titres avec emphase (2) et distingue avec dédain tous les autres de lui même, pour faire de lui un homme à part (3). Il a soin de nommer ses inférieurs et de bien faire sentir qu'ils sont au-dessous de lui (4). Il parle de ce qu'ils ne peuvent pas faire, pour mieux faire ressortir ce qu'il peut lui-même (5); il s'étend complaisamment sur ses richesses, ses propriétés, et semble pourtant en parler avec indifférence pour faire sentir que ce n'est pas là ce qui fait son mérite (6). Il parle avec hauteur de son pouvoir, il emploie des menaces contre ceux qui l'enfreindraient (7) et qualifie avec arrogance la moindre atteinte qu'on oserait y porter (8).

Justification.

1. L'orgueilleux se nomme le premier : c'est le mot *je* qui a suggéré cette idée.

2. Le mot *immortelle.*

3. Le mot *nul.*

4. Le mot *mortel,* etc.

123ᵉ SUJET. *La dissimulation.*

Sur la phrase.

1   2   3   4   5   6

Elle feignit même d'entrer dans sa douleur et de

7   8

s'attendrir pour Ulysse (1, § 16).

Synthèse.

La dissimulation consiste à feindre des sentiments que l'on n'éprouve pas, et à parler ou à agir d'après des faits que l'on sait ne pas exister (1, 8).

L'homme dissimulé est constamment attentif à feindre d'éprouver ou de croire ce qu'il a intérêt de faire penser qu'il éprouve ou qu'il croit (2). Il ne lui en coûte rien pour affecter des sentiments entièrement opposés à ceux qu'il éprouve réellement (3). S'il a pour but de s'attacher quelqu'un ou de le faire entrer dans ses desseins ou ses intérêts (4), il feint d'abord d'entrer lui-même dans ses vues, dans ses sentiments (5), de partager ses peines (6). Si la personne qu'il poursuit ainsi se trouve avoir des vues ou des sentiments directement opposés à ceux qu'il voudrait lui voir (8), il se garde bien de les désapprouver, de peur de laisser apercevoir ses propres desseins, il feint, au contraire, de les approuver entièrement (7).

124ᵉ SUJET. *L'artifice.*

Sur la phrase :

 1 2 3 4 5 6
Métophis espérait toujours qu'en nous question-
  7   8   9 10 11
nant séparément, il pourrait nous faire dire des choses
 12   13 14 15 16
contraires, surtout il croyait m'éblouir par ses pro-
 17 18
messes flatteuses.

Synthèse.

L'artificieux emploie avec persévérance (3) les moyens les plus propres pour parvenir à son but (7, 17.) Excité par le désir de réussir il s'attache de plus en plus à son objet (2, 3, etc., *sur la phrase entière*).

C'est (1) un stimulant pour lui que d'éprouver des contrariétés (3, 8); l'espoir de mener à fin son entreprise le rend persévérant, patient, intrépide ; il profite de toutes les circonstances favorables , et évite avec soin tous les écueils (7.)

C'est un stimulant encore plus grand pour lui, d'avoir affaire à des hommes prudents et adroits (5), car il suppose qu'à l'occasion, ces hommes chercheraient à le tromper à son tour (9 , 10.) L'inexpérience l'allèche, il la circonscrit et s'y attache (14, 15, 16.) Tout lui sert , lui convient, lui sourit : il profite

---

(1) Cette synthèse par *déduction* est, en outre, une synthèse par *analogie* (ou *imitation*) du passage suivant : « Pygmalion, tourmenté par une soif insatiable des richesses..... C'est un crime, à Tyr, que d'avoir de grands biens..... C'est un crime encore plus grand, à Tyr, d'avoir de la vertu..... » Liv. III, §§ 10 et 11.

de tout , il ne recule ni devant l'injustice ni devant le crime (16, 18) ; son adresse à tendre des piéges lui suggère des moyens qu'il n'hésite jamais à employer (6, 7, 16, 18).

Ce qui empêcherait un autre de réussir est précisément ce qui le fait parvenir à ses fins; il médite surtout ce qu'il doit faire (2 , 14) et calcule toujours le résultat de ses démarches (13) : il se met à la torture pour contenter son envie (6).

125ᵉ SUJET. *L'artifice.*
Sur la phrase du liv. II.

1 2 3 4 5 6
Métophis espérait toujours qu'en nous question-
7 8 9 10 11
nant séparément il pourrait nous faire dire des choses
12 13 14 15 16
contraires, surtout il croyait m'éblouir par ses pro-
17
messes flatteuses.

Synthèse.

L'homme artificieux (1) ne perd jamais de vue (3) l'objet de ses désirs (2) et espère toujours l'atteindre (2 , 3). Il ne reste pas dans l'inaction et il fait agir tous les ressorts possibles (4, 6), il s'attache surtout aux personnes qui peuvent lui servir d'instrument (15), et tâche, au besoin, de les faire tomber dans le piége où il les attire (6 , 16). Pour cela il a besoin de les isoler de ceux qui pourraient les éclairer ou les soutenir (7) ; alors il les presse de toutes les manières pour leur faire dire (6 , 9) des choses qui les livrent à sa merci (12). Il ne se rebute point et ne cesse ses efforts que lorsqu'il a saisi sa proie (8). Il ne manque pas surtout d'employer les moyens de séduction (16) qu'il croit (13) les plus propres (17, 18) à les conduire à son but (10, 12).

126ᵉ sujet. *L'impartialité.*

Sur la phrase du liv. v, § 24.

1   2   3   4   5
Aussitôt on commença la course des chariots que
   6   7
l'on distribua au sort.

Synthèse.

L'impartialité consiste à éviter tout ce qui pourrait favoriser un individu aux dépens d'un autre (*sur la phrase entière*).

C'est surtout à l'homme revêtu du pouvoir, que cette vertu convient (2) ; a t-il pris une résolution, il l'exécute sans retard (1), parce qu'il la croit équitable. Tel il s'est montré au commencement d'une affaire, tel il reste jusqu'à la fin , parce qu'il n'agit que par conviction et qu'il a examiné mûrement d'avance la conduite qu'il doit tenir (2). La plus douce récompense de l'homme impartial est d'être souvent pris pour juge soit dans des jeux de concours ou dans des discussions (3) ; alors on ne le voit jamais se laisser entraîner par l'opinion , ni lâcher la bride à ses passions : il examine avant de prononcer ; aussi est-il rare que ses jugements s'écartent de l'équité (4, 7). Lorsqu'il distribue des dons ou des faveurs , il n'a égard qu'aux droits et au mérite de chacun (6, 7). La naissance, la fortune et tous les autres avantages du sort ne sont rien pour lui ; il n'estime , dans les hommes , que ce qu'ils ne doivent qu'à eux-mêmes (7).

TROISIÈME PARTIE.

SYNTHÈSES DIDACTIQUES.

Parmi les livres qui sont entre les mains des jeunes gens, les uns contiennent des *faits*, les autres *des explications* de faits préexistants. Les grammaires, les rhétoriques, par exemple, sont des livres faits pour expliquer d'autres livres, sous un certain rapport : ils expliquent les *faits* de la langue que présente le Télémaque ou tout autre ouvrage réputé bien écrit, mais, le plus souvent, sans montrer assez clairement l'ordre qui a été suivi pour leur composition. « Il est même évident, dit Condillac, que cette » méthode expose les connaissances dans un ordre » contraire à celui dans lequel on les a acquises, » car enfin on a point commencé par des principes » généraux, on a commencé par des observations. »

Il est donc très-utile d'apprendre aux jeunes gens à observer de bonne heure les faits élémentaires qui doivent servir de base aux principes généraux qui leur sont nécessaires. Nous avons pensé être conséquents avec nos préceptes antérieurs (1), en terminant ce travail par un autre genre de synthèse par déduction, sous le nom de *synthèses didactiques.*

Bien que ce titre puisse paraître ambitieux à quelques critiques, nous le donnons à la dernière partie de notre recueil, parce que nous sommes convaincus que tout élève qui aura été dirigé par des moyens analogues à notre méthode, sera capable en peu de temps de justifier de ses progrès, par la composition ou synthèse des sujets didactiques littéraires empruntés à ses études, à l'étude raisonnée de ses auteurs.

(1) Voir *Synthèse logique,* introduction.

SYNONYMES.

Un synonyme ici est une synthèse par déduction, qui consiste à examiner, dans un bon auteur, la signification des mots ou des expressions dont le sens présente quelque analogie, à dire les différences et les ressemblances d'après l'ensemble de circonstances où ils se trouvent employés, et à *déduire* des *règles* propres à guider dans leur emploi. C'est à raison de ces *règles* que le synonyme est nommé *synthèse didactique*.

Cette étude est d'une grande importance ; elle tend directement à la propriété d'expression, et trouve naturellement sa place après celle des mots abstraits (*compositions morales*) qu'elle complète. Voici quelques exemples.

127 ^eSUJET. *Secours. Consolation*

Faits.

Vous serez ma *consolation* dans cette solitude (1, § 5).

Je n'avais plus la misérable *consolation* de choisir entre la servitude et la mort (II, § 20).

Je m'approchais de mon pays ; je trouvais un *secours* pour y retourner ; je goûtais la *consolation* d'être auprès d'un homme (Hasaël) qui m'aimait déjà par le pur amour de la vertu (IV, § 33 « 20 »).

C'est une *consolation* pour moi de mourir avec vous (VI, § 19 « 18 »).

J'écoutais et j'admirais ce discours qui me *consolait* un peu (VI, § 22 « 21 »).

C'était une *consolation* pour moi que la lumière du jour me quittât, et que la nuit vînt m'envelopper de ses ombres (Idoménée) (IX, § 40).

Les Egyptiens qui avaient appelé à leur *secours* ces étrangers (II, § 44).

Les Egyptiens ont été contraints de nous appeler à leurs *secours* (III, § 9).

Cependant, il tirera des *secours* des alliés (v, § 35).

Aristodème lui offrit tout les *secours* dont il pouvait avoir besoin (VI, § 15).

Ce mât flottant était un grand *secours* pour nous (VI, § 21 « 20 »).

Après qu'Idoménée eût achevé de raconter ses peines, il demanda à Mentor et à Télémaque leurs *secours* dans la guerre où il se trouvait engagé (IX, § 41).

Si jamais vous aviez besoin de mon *secours* après que j'aurai rendu Télémaque à son père et à son pays, je reviendrais vous voir (XXIII, § 26 « 24 »).

Mentor *secourt* Aceste (hâtez-vous de nous *secourir*), qui, touché de reconnaissance, donne un vaisseau (I, §§ 34, 37).

Télémaque *secourt* et sauve Antiope, en enfonçant son dard dans le flanc du sanglier. Antiope est reconnaissante (XXII, §§ 13, 14, 15).

Mentor et Télémaque donnent des *consolations* à Idoménée et lui portent des *secours* (IX, §§ 40, 41).

Termosiris *console* Télémaque dans le désert; il le sauve du désespoir (II, §§ 28, 29).

Secours et consolations.

Synthèse.

Le *secours* est l'assistance que l'on accorde à l'infortuné (1).

La *consolation* est le baume qui adoucit les peines du malheureux (2).

Le *secours* et la *consolation* sont nécessaires à celui qu'un destin rigoureux persécute (3).

Secourir ceux que le danger menace est le devoir de l'homme d'honneur (4). *Consoler* un cœur affligé est le désir de l'homme sensible (5).

La reconnaissance est le prix du *secours* (6); la confiance et l'amitié sont la récompense des *consolations* (7).

L'homme vertueux que le méchant voudrait corrompre, goûte la *consolation* lorsqu'il se trouve avec ceux qui aiment la vertu (8).

Un *secours* inattendu, qui sauve le malheureux des dangers auxquels il s'était exposé, est accepté avec joie et reçu avec reconnaissance (9) lorsqu'il n'est point l'offre de la hauteur et du mépris (10).

La *consolation* est le *secours* que l'on doit apporter à l'abattement de la douleur (11).

On trouve des *secours* dans le cœur de l'homme généreux, mais on éprouve de la *consolation* lorsqu'on se trouve auprès de celui qu'une tendre pitié intéresse à nos malheurs (12).

Le *secours* sauve du péril (13); la *consolation*, du désespoir (14).

La douce *consolation* nous fait trouver du *secours* en nous-mêmes (15).

Justification.

1. Mentor prêta *secours* et assistance à Aceste (I, § 35).

2. Termosiris, prêtre d'Apollon, adoucit les peines de Télémaque (II, 28, 29).

3. Mentor et Télémaque, en arrivant à Salente, *consolèrent* et *secoururent* Idoménée (IX, § 40).

4. Télémaque et Mentor *secoururent* Aceste, menacé par les Himériens; Télémaque *secourut* Antiope, menacée par un sanglier monstrueux (XXIII, § 13).

5. Termosiris *console* Télémaque dans le désert; Mentor *console* Idoménée avant de le quitter (XXIII, § 26 «24»).

6. Aceste fut touché de reconnaissance; Antiope, délivrée du sanglier, dit à Télémaque, qui lui en offrait la hure : « Je reçois de vous, avec reconnaissance, un autre don plus grand, car je vous dois la vie. »

7. Télémaque accorda sa confiance à Termosiris qui l'avait *consolé*; Idoménée, à Mentor.

8. Télémaque ayant trouvé Hasaël dans l'île de Chypre, goûte la *consolation* d'être auprès d'un homme qui l'aimait déjà par le pur amour de la vertu (IV, § 33 « 20 »).

9. Aceste et Antiope.

10. Le *secours* que Mentor et Télémaque reçoivent de Calypso, est offert avec hauteur : « Sachez, jeune étranger, qu'on ne vient point impunément dans mon empire (I, § 3)... Je suis immortelle; nul mortel ne peut entrer dans cette île (I, § 16). »

11. La voix mugissante *consola* Télémaque abattu (II, §§ 22, 23).

12. Télémaque auprès de Termosiris et d'Hasaël.

13. Aceste fut sauvé du péril par le *secours* de Mentor; les matelots cypriens, par Télémaque.

14. Télémaque fut sauvé du désespoir par les *consolations* de Termosiris.

15. Télémaque, *consolé* par la voix mugissante, se leva tranquille et sentit en lui-même une douce force pour modérer toutes ses passions (II, § 24).

SYNONYMES A TRAITER.

On peut proposer aux élèves, pour sujet de synonymes, les mots, *éternel* et *immortel;* — *conseils, avis, avertissements;* — *étonnement, surprise;* — *courage, fermeté;* — *ajouter, augmenter;* — *austérité, sévérité;* — *saisi de douleur,* I, § 15; *pressé par la douleur,* II, § 22 et XXIII, § 23 « 21 »; *abattu par la douleur,* XVI, § 18 et XVII, § 3; *plongé dans la douleur,* XXIV, § 14; — *les coups de la fortune,* II, § 38; *les outrages de la fortune,* IV, § 31 « 18; » *les rigueurs de la fortune,* II, § 20, etc., etc.

Garder le silence, *demeurer en silence* (1).
Voyez pour les faits : liv. i, §§ 5, 6 ; viii, 4. 22 (vii,
§ 14, 31) ; viii, § 53 (8) ; xvii, § 51 ; xxii, § 17, 19.

Apercevoir, *découvrir*. Voy. liv. i, § 2; 8, 15, 23,
34, 37.

Voir, *apercevoir*. Voy. i, § 2, 4, 5, 7, 8, 16, 53
et 34.

Voir, *regarder*. Voy. i, § 5, 22 et 57; ii, § 3, 14,15.

Entendre et *écouter*. Voy. i, § 7 ; ii, § 23 ; ii, § 52 ;
i, § 27 ; ii, § 11 ; ii, § 12 ; ii, § 50.

Malheureux et *misérable*. Voy. i, § 1, 23; ii, § 14,
17, 37, 41; iii, § 3;—i, § 16 ; ii, § 20 ; iii, § 10, 15;
xiv, § 24 ; xv, § 29 (30).

Valeur, *courage*. Voy. i, § 4, 34, 35 ; ii, § 43,
44; i, § 24, 35 ; ii, § 9, 23; iv, § 28 (o).

Sagesse et *vertu*. Voy. i, § 4, 14, 18, 33 ; ii, § 28,
44; iii, § 33; iv, § 13;—i, § 15; ii, § 27, 28; iii, § 5, 42.

Préférer, *choisir*. Voy. ii, § 19, 28; iii, § 36 ;
v, § 52, 57; vi, § 3; ii, § 12, 20; v, § 18; vi, § 3, 5, 9.

Applaudissements, *louanges*. Voy. xviii, § 22;
viii, § 33 (8) ; v, § 31 ; xvii, § 27 ; iv, § 1, 57 ; vii,
§ 1; vi, § 6; xxi, § 6; xviii, § 26.

128ᵉ SUJET. *Comparaison de deux repas offerts à
Télémaque : le premier par Calypso (liv. i, § 14);
le second par Adoam, liv. VIII, § 27 (2).*

Faits.

Liv. 1, § 14. Les Nymphes, avec leurs cheveux tressés et
des habits blancs servirent d'abord un repas, simple, mais
exquis pour le goût et pour la propreté. On n'y voyait, p. 66...

Quand Télémaque entendit le nom de son père, les larmes qui coulèrent le long de ses yeux donnèrent un nouveau lustre à sa beauté; mais comme Calypso aperçut qu'il
ne pouvait manger, et qu'il était saisi de douleur, elle fit
signe aux nymphes. A l'instant on chanta le combat des

---

(1) Le Dictionnaire de synonymes de l'abbé Girard ne donne
point ce synonyme.

Centaures avec les Lapithes, et la descente d'Orphée aux enfers pour en retirer Eurydice.

Liv. VIII, § 27 (2). Après cet entretien, Adoam fit servir un magnifique repas ; et, pour témoigner une plus grande joie, il rassembla tous les plaisirs dont on pouvait jouir. Pendant le repas, qui fut servi par de jeunes Phéniciens vêtus de blanc et couronnés de fleurs... parfums.. joueurs de flûte... lyre... chants... Les Tritons, les Néréides, toutes les divinités qui obéissent à Neptune, les monstres marins mêmes sortaient de leurs grottes humides et profondes pour venir en foule autour du vaisseau, charmés de cette mélodie....

....Goûtez avec complaisance po r Adoam les plaisirs qu'il vous offre : réjouissez-vous, Télémaque, réjouissez-vous. La sagesse n'a rien d'austère ni d'affecté ; c'est elle qui donne les vrais plaisirs... La sagesse n'a point de honte de paraître enjouée quand il le faut.

Synthèse.

1° Calypso et Adoam offrent un repas à Télémaque : c'est le même sujet.

2° La situation est aussi la même, car Télémaque réclame l'hospitalité de la déesse ; il réclame les secours d'Adoam.

3° Mais Calypos use d'artifice dans la réception qu'elle fait au fils d'Ulysse ; Adoam ne cherche qu'à lui exprimer la joie qu'il éprouve à le voir.

4° L'auteur décrit rapidement le repas de Calypso ; il détaille au contraire avec complaisance ce qui compose celui d'Adoam.

5° Télémaque est saisi de douleur au repas de Calypso, de respect et d'admiration quand il entend Mentor sur le vaisseau phénicien.

La différence des sentimens de Calypso et d'Adoam est facile à saisir, d'après la manière différente dont Fénelon décrit les deux repas.

La déesse ne songe qu'à ses projets, et semble les cacher sous une apparence de simp'icité : *les nymphes servirent un repas simple, mais exquis pour le goût et la propreté.* Adoam tout entier à la joie de rencontrer le jeune ami de son frère Narbal, rassemble tous les plaisirs dont on peut jouir : *il fit servir un magnifique repas.*

Dans les deux circonstances les accords de la lyre se joignent aux doux sons de la voix pour charmer les convives ; mais l'expression en paraît froide chez Calypso, tandis qu'elle est ravissante sur le vaisseau d'Adoam, et Fénelon, afin d'en donner une idée plus complète, dit que *les monstres marins mêmes sortaient des grottes humides et profondes pour venir en foule autour du vaisseau charmés de cette mélodie.* Bien plus, la beauté de la nature ajoutait encore à l'enchantement d'un spectacle si magnifique.

Cependant le sentiment de Télémaque est bien loin d'être le même à l'un et à l'autre repas. Il est saisi de douleur chez Calypso ; il goûte avec crainte les plaisirs qui lui sont offerts par Adoam ; mais il est saisi d'étonnement et de respect quand il entend Mentor.

Et celui-ci qu'éprouve-t-il ? Il ne pouvait pas être question de lui au repas de Calypso ; au lieu qu'il devait embellir le festin d'Adoam, puisque, dit Fénelon, *la sagesse n'a pas de honte de paraître enjouée quand il le faut.*

129e SUJET. *Comparaison de la prière de Télémaque à Calypso* (liv. I, § 4), *avec celle de Philoctète à Néoptolème,* (liv. XV, § 26 (25).

Faits.

Liv. I, § 4, O vous, qui que vous soyez, mortelle ou déesse, quoique à vous voir on ne puisse vous prendre que pour une divinité, seriez-vous insensible au malheur d'un fils qui cherchant son père à la merci des vents et des flots.... Ayez pitié de nos malheurs ; et si vous savez, ô déesse, ce que les destinées ont fait pour sauver ou pour perdre Ulysse, daignez en instruire son fils Télémaque, p. 46.

Liv. XV, § 26 (25). Oh ! mon fils, je te conjure, par les mânes de ton père, par la mère, par tout ce que tu as de plus cher sur la terre, de ne me laisser pas seul dans les maux que tu vois.

Je n'ignore pas combien je te serai à charge; mais il y aurait de la honte à m'abandonner... J'ai recours à toi, ô mon fils! souviens-toi de la fragilité des choses humaines. Celui qui est dans la prospérité doit craindre d'en abuser et secourir les malheureux.

Synthèse.

Télémaque adresse une prière à Calypso ; Philoctète en adresse une à Néoptolème. Tous deux sont malheureux, tous deux implorent la pitié de ceux qui peuvent adoucir leurs maux.

Mais Télémaque parle à une femme qu'il croit irritée; Philoctète adresse la parole à un jeune homme compatissant : il est donc naturel que la crainte domine dans la première, tandis que la confiance se montre dans la seconde.

Télémaque dit à Calypso : « *O vous! qui que vous soyez, mortelle ou déesse.* » Philoctète dit à Néoptolème : « *O mon fils! je te conjure par les mânes de ton père.* » La flatterie que renferme la première de ces invocations est bien faite pour adoucir cette femme qui veut paraître irritée, au lieu que la seconde renferme une demande simple et pressante, qui donne la preuve de la confiance qu'inspire celui à qui elle est adressée.

Télémaque dit à Calypso : « *Seriez-vous insensible :* » il doute, il n'ose espérer ; mais Philoctète parlant à Néoptolème lui dit : « *Il y aurait de la honte à m'abandonner :* » il semble lui faire envisager comme un devoir le service qu'il réclame.

Fénelon fait dire à Télémaque : « *Ayez pitié de nos malheurs,* » et à Philoctète : « *Souviens-toi de la fragilité des choses humaines; celui qui est dans la prospérité doit craindre d'en abuser.* » Quel contraste ! la première phrase est une prière pleine d'humilité, la seconde est plutôt un conseil. « *O déesse! ..... daignez en instruire,* » dit Télémaque, que de crainte! que de respect! « *J'ai recours à toi, ô mon fils,* » dit Philoctète. Quel confiance! quelle touchante affection!

———————

130ᵉ SUJET. *Comparaison des récits de la mort de Sésostris (liv.* II, §§ 39, 40) *et de celle de Pygmalion* (liv. VIII, §§ 13, 14, 15; VII, § 22, 23, 24).

Faits.

Liv. II. Pendant que je retardais un peu mon départ pour tacher d'en savoir des nouvelles, Sésostris qui était fort âgé mourut subitement...

Liv. VIII. Il mangeait le plus souvent tout seul avec Astarbé, et apprêtait lui-même ce qu'il devait manger, ne pouvant se fier qu'à ses propres mains...(Voir le Télémaque).

Synthèse.

Le but que se propose Fénelon dans son Télémaque, est d'instruire un jeune prince dans l'art de régner. C'est en se plaçant à ce point de vue qu'on doit juger toutes les parties comme l'ensemble de son ouvrage. On conçoit que ce sera surtout en parlant des rois, en racontant leurs vies, en exposant leurs actions, et particulièrement en montrant les suites de leur conduite, tant pour leurs peuples que pour eux-mêmes, qu'il cherchera à donner à son élève de grandes et fortes leçons.

Comparons, sous ce point de vue, la mort de Sésostris et celle de Pygmalion : l'auteur a montré Sésostris conduisant son peuple au plus haut degré de puissance par ses conquêtes, mais méritant surtout l'amour de ses sujets par son administration, dans laquelle il ne néglige rien pour les rendre heureux. Comment un tel prince doit-il mourir, et quel effet doit produire sa mort? Il mourra dans un âge avancé, chéri et adoré de tous, et sa mort causera une impression de douleur universelle. Jeunes et vieux paraîtront inconsolables de sa perte; ses domestiques qui le voyaient constamment de près, pleu-

reront nuit et jour; les peuples les plus reculés
accourront en foule à ses funérailles; chacun voudra
conserver son image; plusieurs même ne pourront
lui survivre; enfin il ne manquera aucune des circonstances propres à attester les regrets de ses sujets
et même des autres peuples. Pour achever le tableau, on fera contraster la douceur de son règne
avec la tyrannie de son successeur.

Pygmalion, au contraire, a été dépeint sous les
traits les plus odieux : il a, par son avarice et par ses
tracasseries, éloigné les étrangers de ses Etats, et
miné peu à peu la prospérité de ses peuples ; il a
trempé ses mains dans le sang de ses proches et de
ses serviteurs; il a persécuté les riches, pour s'emparer de leurs richesses; les pauvres, pour les éloigner de lui ; les gens vertueux, parce qu'il les suppo-
sait aigris contre ses infamies; ses enfants mêmes,
il en fait ses ennemis les plus dangereux. Ainsi il se
trouve isolé de tous et abandonné à lui-même.

Il est évident que ce prince doit, non seulement
traîner une vie malheureuse, mais mourir tout au-
trement que Sésostris ; et que sa mort surtout doit
inspirer des sentiments tout différents.

En effet Pygmalion, isolé, n'est averti par personne de la trahison de la seule femme à laquelle il
se confie. C'est sa défiance qui fait trouver à celle-ci
le moyen de l'empoisonner, et la porte à hâter sa fin
en l'étouffant. Le bruit de sa mort effraie mais n'af-
flige nullement; tout le monde, au contraire, est
ravi de cette nouvelle, et il ne se trouve pas un seul
homme qui le regrette. Sa mort est la délivrance et
la consolation de tous les peuples. Un seul homme
de bien, Narbal, déplore le malheur de ce prince,
mais à cause des maux dont il a accablé son peuple.
Enfin l'infamie et la dureté de son règne sont ren-
dues plus saillantes encore, par la sagesse de son
successeur. L'auteur en faisant ainsi contraster les

règnes de ces deux rois, avec ceux de leurs succes-
seurs, porte son élève à faire cette réflexion : qu'un
bon prince ne doit pas craindre d'être effacé et mis
en oubli par ses descendants, tandis que la mémoire
d'un mauvais roi ne peut que devenir de plus en plus
odieuse, par la comparaison de son règne avec le
règne suivant.

131ᵉ SUJET. *Funérailles d'Hippias*, liv. XVII §§ 31 à
35. — *Funérailles de Pisistrate*, liv. XXI, § 5.

Synthèse.

Les Funérailles d'Hippias, quoique à peu près semblables à celles de Pisistrate, sont accompagnées de
plus de pompe et de magnificence ; car, plus âgé
que Pisistrate, il avait déjà pu montrer toute sa valeur, et il était plus puissant dans l'armée.

Fénelon a bien marqué surtout les différents sentiments dont Télémaque était rempli en rendant les
derniers devoirs à ces deux guerriers, morts également
ment avec honneur, en combattant pour la gloire,
et en se dévouant pour autrui. Un sentiment de reproche se mêle à sa tristesse, lorsqu'il recueille les cendres
d'Hippias ; il semble qu'il veuille apaiser ses mânes
par de magnifiques funérailles, et qu'il veuille, en
même temps, en avouant ses torts et en montrant
publiquement ses regrets, reconnaître les grandes
qualités d'un ennemi qu'il aime. Mais les funérailles
de Pisistrate sont plus simples et plus touchantes ; la
douleur de Télémaque est moins pénible, mais plus
amère ; les regrets qu'il lui donne ne sont pas les
plaintes d'un ennemi repentant, ce sont les pleurs
d'un ami sincère. Il gémit d'avoir perdu Hippias
avant d'avoir pu le forcer à l'aimer ; mais il s'attendrit bien davantage au souvenir de Pisistrate et de
leur mutuelle amitié. Enfin, la différence entière est
exprimée, mieux que par tout ce que je pourrais

ajouter, dans ce peu de mots de Fénelon : il répandit sur l'un des larmes pieuses, et il versa sur l'autre des larmes amères !

SUJETS DE COMPOSITION.

On peut comparer les portraits d'*Aceste* et de *Sésostris*, d'après la situation des personnages et le but de Fénelon : *instruire un prince.*

Le discours de Télémaque à Calypso, I, § 4, et de Télémaque à Hasael, IV, § 31 (18).

Le discours de Télémaque à Calypso, I, § 4 et celui d'Enée à Vénus. Virgile, liv. I.

L'île de Calypso, T, § 7, et la campagne d'Egypte. II, § 8.

La grotte de Calypso, et l'Achérousia, XVIII, § 5.

Le combat de Télémaque contre le fils du roi des Himériens, I, § 36; et contre le lion, II, § 36.

Reproches de Mentor à Télémaque, I, § 11, et dans l'île de Crète, VI, § 2.

Occupation d'Aristodème, VI, § 12, et des bergers d'Oasis, II, §§ 34, 35.

Départ de Télémaque de Crète, VI, § 16, et de Tyr, III, § 44 (43).

Départ de Télémaque de Chypre, IV, §§ 33, 34 (20, 21) et d'Egypte, III, § 2.

Tempête qu'éprouve Télémaque allant en Sicile, I, § 23, et retournant à Ithaque, VI, § 18, 19.

Fureur des Crétois, V, § 17, et fureur d'Hippias, XVI, §§ 8 et suivants.

Evénements arrivés en Crète et en Egypte pendant le séjour de Télémaque.

Le pilote Atamas, égaré par une divinité trompeuse, et Idoménée par un de ses courtisans, liv. XIII.

Reproches de Mentor à Télémaque, reproches d'Abner à Mathan (Athalie).

Caractère de Métophis, caractère de Mathan.

Artifices de Calypso, artifices d'Athalie, etc.

SYNTHÈSES DIDACTIQUES LITTÉRAIRES.

132ᵉ SUJET. *L'éloquence et ses effets.*

Synthèse déduite des faits littéraires du quatrième paragraphe du premier livre : O vous ! qui que vous soyez, etc.

Parler de manière à faire passer dans l'âme des autres nos propres sentiments, à les conduire au but que nous nous proposons, à les intéresser en notre faveur, voilà l'éloquence (1). Noble talent que celui qui sait ainsi captiver l'homme (2) ! Basé sur la connaissance du cœur, il prend l'homme par son faible, et, ménageant son amour-propre, il emploie, sans crainte de choquer la vérité, des tournures flatteuses et des paroles agréables (3). L'orateur sait adroitement se présenter lui-même sous le jour le plus favorable (4) ; et voyez comme il répand l'intérêt sur celui dont il plaide la cause (5) ; comme il sait mettre en opposition ses malheurs et ses belles actions, ses services et ses disgrâces, ses vertus et les dangers qu'il court (6) ! Et il n'a pas tout dit, car ses doutes, ses craintes, il les présente avec une véhémence entraînante pour mieux nous ébranler (7). Et alors tant d'éloquence nous charme et subjugue notre esprit (8). Bientôt à ses instantes prières (9), à sa touchante péroraison, notre âme s'attendrit (10) : le triomphe de l'orateur est complet (11) !

Justification.

LE MAITRE. Pourquoi traitez-vous *l'éloquence,* d'après ce paragraphe ? — Fénelon dit : Calypso étonné de voir... tant *d'éloquence.*
Pourquoi dites-vous : *parler de manière à... les conduire au but que nous nous proposons ?* (1) — Télémaque désire apprendre des nouvelles de son père ,

et Calypso lui dit : « Nous vous apprendrons ce qui est arrivé à votre père. »

2. Je vous recevrai comme mon fils; venez, je ferai votre bonheur.

3. Quoique à vous voir, on ne puisse vous prendre que pour une divinité.

4. Un fils qui, cherchant son père, a vu briser son navire contre *vos* rochers.

5. Il se nomme Ulysse... C'est un des rois qui...

6. Son nom fut célèbre... Maintenant errant..., il a renversé... Sa patrie semble fuir. Par sa valeur, sa sagesse... il parcourt tous les écueils les plus terribles, etc.

7. Mais, que dis-je? peut-être qu'il est...

8. Calypso étonnée.

9. Ayez pitié de nos malheurs, et si vous savez, ô déesse.

10. Calypso attendrie.

11. Calypso qui avait dit : Sachez qu'on ne *vient point*... dit, après avoir entendu Télémaque : *Venez dans ma demeure...; venez*, vous serez ma consolation dans cette solitude.

135e SUJET. L'orateur.

Synthèse du 135e sujet, d'après le quatrième paragraphe du premier livre : O vous ! qui que vous soyez.

L'orateur est un homme qui, avec le secours de la parole, parvient à persuader ses auditeurs. La parole sert à l'orateur de moyen : c'est l'arme apparente avec laquelle il renverse les obstacles qu'il rencontre, pour arriver à son but. Il doit donc mettre ses soins à rendre cette arme brillante, forte, incisive. Mais la meilleure arme est impuissante dans des mains inex-

10.

périmentées; et, de même qu'un combattant doit, pour assurer son succès, connaître le fort et le faible de ses ennemis, le terrain sur lequel il combat et une foule d'autres circonstances dont la moins importante en apparence peut décider de la victoire, de même un orateur doit avoir fait une étude approfondie du cœur humain, et avoir une connaissance exacte de toutes les circonstances de temps, de lieu et de personnes.

De plus, s'il est incontestable qu'un ennemi qui se présente avec une réputation bien établie de bravoure a, par cela seul, un grand avantage sur ses adversaires, celui de l'influence morale; il ne l'est pas moins qu'un orateur peut compter d'autant plus sur le succès, qu'il inspirera plus de confiance à ses auditeurs; on peut même regarder ce point comme le plus important, et établir que le premier besoin d'un orateur est d'*être*, ou, au moins, de se *montrer* d'une conduite sans tache. S'il est inconnu de ceux qu'il veut persuader, il devra donc chercher à leur donner de lui-même la meilleure opinion possible. C'est dans ce même but qu'il présentera sa cause sous l'aspect le plus favorable, non-seulement pour faire prévaloir son avis, mais pour éviter que l'on ne croie qu'il sacrifie la justice et la vérité à ses vues ou à ses intérêts personnels. Enfin, s'il parle en faveur d'un autre, il ne manquera pas d'en faire l'éloge et de le rendre intéressant, pour montrer qu'il ne prête son appui qu'à ceux qui méritent l'estime générale.

Toutefois, il ne suffit pas d'inspirer la confiance pour conduire les hommes, il faut encore, avant tout, savoir leur plaire, leur inspirer de l'intérêt; c'est par là que l'orateur doit commencer. S'il est connu, la confiance qu'on lui accorde lui rendra cette tâche plus facile, et, s'il est inconnu, il doit chercher à plaire d'abord, pour qu'on l'écoute avec intérêt, et que l'on soit disposé à croire ce qu'il dira pour éta-

blir cette confiance dont il a besoin. C'est pour atteindre ce double but qu'il lui est surtout indispensable de connaître l'homme et d'avoir examiné avec
attention tout ce qui se rapporte aux lieux, aux temps
et aux personnes, afin de respecter les mœurs, les
usages, les habitudes et les opinions qui dominent
aux lieux et dans les temps où il se trouve.

134e sujet. *Comparaisons.*

Télémaque suivait la déesse environnée d'une foule de
jeunes nymphes au-dessus desquelles elle s'élevait de toute
la tête, comme un grand chêne dans une forêt élève ses branches épaisses au-dessus de tous les arbres qui l'environnent. Liv. 1, § 6.

Mentor montre dans ses yeux une audace... La mort courait de rang en rang partout sous ses coups. Semblable à un
lion de Numidie que la cruelle faim dévore, et qui entre
dans un troupeau de faibles brebis, il déchire, il égorge, il
nage dans le sang, et les bergers loin de secourir le troupeau,
fuient tremblants, pour se dérober à sa fureur. 1, § 35.

Bientôt nous vîmes le sommet du mont Ida qui s'élève au-
dessus des autres montagnes de l'île, comme un vieux cerf,
dans une forêt, porte son bois rameux au-dessus des têtes
des jeunes faons dont il est suivi. Liv. v, § 1.

L'enfant tombe dans son sang, ses yeux se couvrent des
ombres de la mort... Tel qu'un beau lis au milieu des
champs, coupé dans sa racine par le tranchant de la charrue,
languit et ne se soutient plus, il n'a point encore perdu
cette vive blancheur et cet éclat qui charment les yeux,
mais la terre ne le nourrit plus, et sa vie est éteinte : ainsi
le fils d'Idoménée, comme une jeune et tendre fleur, est
cruellement moissonné dès son premier âge. Liv. v § 15.

Synthèse déduite des passages précédents.

Une comparaison se compose nécessairement de
deux termes, savoir : l'objet que l'on veut comparer
à un autre, et celui-ci auquel on veut comparer le
premier.

Pour qu'un objet puisse être comparé à un autre,
il faut que celui-ci ait avec celui-là une ressemblance,
un rapport sensible et exact, dans la circonstance

donnée. Aussi Calypso ne ressemble-t-elle à un grand chêne, Mentor à un *lion*, le mont Ida à un *vieux cerf*, le fils d'Idoménée à un *lys coupé dans sa racine*, que dans les circonstances où l'auteur établit ces comparaisons ; dans ces circonstances, la ressemblance est exacte et sensible.

Si l'un des objets était compris dans la sphère de l'autre ; par exemple, si l'on disait : *l'homme agit comme un animal*, il n'y aurait plus comme ci-dessus de comparaison proprement dite... De même, il n'y a pas de comparaison entre deux objets identiques ; par conséquent, dans cette phrase : *Télémaque agissait comme un jeune homme.* C'est une véritable équation.

Une comparaison n'est donc jamais une vérité mathématique, aussi dit-on communément : *comparaison n'est pas raison.* Les comparaisons s'adressent moins à l'esprit qu'à l'imagination ; elles ont pour but de rendre plus sensible la face d'un objet, en la mettant en regard avec une face d'un autre objet plus connu ou plus facile à apercevoir, et qui donne une idée exacte de la première.

Sous le rapport grammatical, les deux termes d'une comparaison peuvent être mis en rapport par les mots *comme, de même que, tel, ainsi, semblable.* Tantôt l'objet à comparer est placé le premier (*Calypso, le mont Ida, Mentor*) ; tantôt il est placé le dernier (*ainsi le fils d'Idoménée*) ; tantôt les deux objets sont mis en rapport dans la même phrase (*au-dessus desquelles elle s'élevait... qui s'élève comme un vieux cerf*) ; tantôt ils se trouvent dans deux phrases différentes (*Mentor montre.... semblable à un lion de Numidie*).

Si la comparaison n'est pas indiquée par un de ces mots, par exemple, si Fénelon avait dit : *Mentor était un lion*, elle prendrait alors le nom de métaphore.

155° sujet. *Portraits.*

Pendant que ces pensées roulaient dans mon esprit, je
m'enfonçai dans une sombre forêt où j'aperçus tout à coup
un vieillard qui tenait un livre dans sa main. Ce vieillard
avait un grand front chauve et un peu ridé : une barbe
blanche pendait jusqu'à sa ceinture; sa taille était haute
et majestueuse, son teint était encore frais et vermeil;
ses yeux vifs et perçants; sa voix douce, ses paroles simples et aimables. Jamais je n'ai vu un si vénérable vieillard. Il s'appelait Termosiris. Il était prêtre d'Apollon, qu'il
servait dans un temple de marbre, que les rois d'Égypte
avaient consacré au dieu dans cette forêt. Le livre qu'il tenait était un recueil d'hymnes en l'honneur des dieux.
Il m'aborde avec amitié; nous nous entretenons. Il racontait si bien les choses passées qu'on croyait les voir.... Liv. II,
§ 26, 27. (Voyez aussi le portrait de Calypso, 1, § 6, celui de
Bocchoris II, 44.)

Synthèse.

En littérature comme en peinture, un portrait est
destiné à représenter aussi fidèlement qu'on le peut
l'ensemble d'un personnage, de telle sorte que le portrait puisse suppléer le mieux qu'il est possible, à
l'original lui-même. Dans l'un et l'autre art, avec la
plume comme avec le pinceau, l'artiste doit donc
choisir les traits les plus saillants et les disposer de
manière à produire un ensemble, un effet total qui
donne une idée exacte de celui qu'il a fait poser.
Pour atteindre ce but, le peintre et le littérateur
trouvent l'un et l'autre dans leur art des avantages
particuliers. Le premier peut donner une ressemblance voisine de la perfection, mais seulement
sous le rapport physique. Il en est réduit pour le
moral à la pose, au geste, à l'expression de la physionomie et à l'exécution d'un fait; toutes circonstances qui n'expriment que la situation morale actuelle de l'individu, et non son caractère moral.

Le littérateur a le désavantage de ne pouvoir donner qu'une représentation très-imparfaite de l'homme
physique, des traits sans précision, et que l'imagina-

tion du lecteur, peut nuancer, et combiner de mille manières (1); mais il a, pour la représentation morale, une immense supériorité, car il peut représenter son modèle sous ces rapports, avec une exactitude telle, que le lecteur en acquerra une connaissance plus sûre que s'il voyait le modèle lui-même. Toutefois, le littérateur doit s'efforcer de donner en même temps une description physique aussi fidèle que son art le lui permet.

Il résulte de ce qui précède, qu'un peintre en littérature doit, sous le rapport physique, décrire le personnage de manière à laisser le moins possible d'incertitude et de vague dans l'esprit du lecteur, et par conséquent indiquer les traits et les circonstances les plus saillantes, en suivant un certain ordre qui déroule le portrait aux yeux du lecteur, comme s'il le voyait sur la toile. Sous le rapport moral, dire les vertus, les vices, les habitudes, d'après toute l'histoire du personnage, de sorte que le lecteur, nonseulement trouve ces données conformes à ce qu'il a en vue, mais qu'il puisse même prédire comment ce même personnage se conduirait dans toute circonsance donnée.

Sujets de synthèses.

1° D'après la description de la grotte de Calypso, ou toute autre, dire ce que c'est qu'une *description*, en littérature.

2° D'après la narration du voyage de Télémaque en Sicile, 1, § 23 et suivants, ou l'arrivée de Télémaque en Égypte, ou l'histoire d'Apollon; dire ce que c'est qu'une *narration* en général.

3° D'après le discours de Calypso, qui veut persuader à Télémaque de rester dans son île, liv. 1, § 16, et d'après le discours de Mentor à Aceste pour le dissuader de le faire mourir lui et Télémaque, liv. 1, § 32; dire ce que c'est qu'un *discours*.

TABLE DES MATIÈRES
CONTENUES DANS CE VOLUME.

FIN DE LA TABLE.